Werner Ross

Mit der linken Hand geschrieben . . .

Werner Ross

Mit der linken Hand geschrieben ...

Der deutsche Literaturbetrieb

EDITION INTERFROM

CIP-Kurztitelaufnahme der Deutschen Bibliothek

Ross, Werner:
Mit der linken Hand geschrieben . . .: d. dt. Literaturbetrieb /
Werner Ross. — Osnabrück: Fromm; Zürich: Edition Interfrom, 1984.
(Texte + [und] Thesen; 170)
ISBN 3-7201-5170-0

Vertrieb für die Bundesrepublik Deutschland:
VERLAG A. FROMM, Osnabrück
Gestaltung: Zembsch' Werkstatt, München
Gesamtherstellung: Druckhaus Fromm GmbH, Osnabrück

Inhalt

Vorwort 7

ERSTES KAPITEL
Die glorreiche Restauration 13

1. Intermezzo
Keetenheuves Traum 21

ZWEITES KAPITEL
Von der Großen Freiheit zum Zeitgeist-Kartell 25

2. Intermezzo
Gott darf nicht mehr mitspielen 50

DRITTES KAPITEL
Das Literaturverbot 62

3. Intermezzo
Eine Machtergreifung 78

VIERTES KAPITEL
Die wahre Stunde Null 86

FÜNFTES KAPITEL
Was nun? 100

Literaturverzeichnis 102

„Es ist ein weitverbreiteter Irrtum,
zu glauben, wer schreibe,
übe keine Macht aus."

Heinrich Böll
Angst vor der Gruppe 47?

Vorwort

Linkshänder zu sein ist keine Schande. Im großen Freigelände der Demokratie sind alle Sonderarten, Sonderfälle, Sonderwünsche geschützt und gleichberechtigt, sofern sie nicht ihrerseits andere Rechte stören. Die Rechtshänder sind freilich in der Mehrzahl, und darum haben sie das Allgemein-Verbindliche „Recht“ genannt und die Tugend seiner ordnungsmäßigen Festsetzung „Ge-Rechtigkeit“. Daß die „Linken“ mit solchen Festlegungen nicht immer einverstanden sind, ist ebenso leicht einzusehen wie der Vorbehalt der Frauen gegen das Wörtchen „man“.

In der Freiheit darf niemand dem anderen sein eigenes Recht auferlegen, weder die Rechten den Linken noch die Linken den Rechten. Beides ist geschehen in der Form der Diktatur. Der Sozialismus braucht die Diktatur des Proletariats, um seine Form der Gerechtigkeit durchzusetzen. Darum schafft er Ungleichheit und Unfreiheit. Der Nationalsozialismus versprach gleich dem ganzen Volk und allen Volksgenossen die Herrschaft; es mußte halt nur einer vorangehen und an jeder Wegbiegung entscheiden, wo es weitergehen sollte: der Führer. Er entschied: in den Abgrund.

Daß die Intelligenz links stehe, ist in unserer Republik oft, zäh und nachdrücklich behauptet worden. Da meistens mehr als die Hälfte der Bevölkerung der Linken nicht ihre Stimme gab, verharrte diese Mehrheit offenbar in einem noch abzuschaffenden Aberglauben, unmündig, mit dem falschen Bewußtsein ausgestattet wie mit einer altmodischen Uniform, die schleunigst auszuziehen und an den Nagel zu hängen war.

Das war den Leuten, den Lesern einzureden in langen Aufklärungs- und Bekehrungskampagnen, die sich im weiten Bereich der Weltanschauung und besonders intensiv auf dem Feld der Literatur abspielten. Sie waren, was die öffentliche Meinung angeht, im ganzen sehr erfolgreich, veränderten das geistige Klima der Bundesrepublik bis zur Unkenntlichkeit, vermochten die Machtverhältnisse aber nicht umzustürzen. Die Wähler votierten lieber für Wirtschaft als für Weltanschauung, und unter den linken Politikern erzielte derjenige den breitesten Zuspruch und das höchste Volksvertrauen, der von Wirtschaft viel zu verstehen schien, geistige Führerschaft aber ausdrücklich nicht als seine Sache bezeichnete: Helmut Schmidt.

Die Literaten bedienen sich der Vermittlungsapparate, Medien genannt, um Meinung zu bilden. Meinungen sind nicht die Wahrheit. Sie können ihr nahekommen, sie können aber auch Märchen oder Mythen sein, Legenden oder Stereotypen, eingegeben von Gruppeninteressen. Darum ist Ideologieverdacht immer nützlich, Ideologiekritik oft notwendig. In der Demokratie sind jeweils die gegnerischen Gruppen nicht nur berechtigt, sondern verpflichtet, Praktiken, Manöver, Fälschungen, Legendenbildungen der anderen Seite zu enthüllen. Auf der höheren Ebene entsteht aus solcher Gegnerschaft „geistiges Leben", auf der unteren werden wenigstens die Federn nicht rostig, und die Schreibmaschinen klappern.

Behauptet die linke Intelligenz, die Intelligenz stehe links, so hat sie in einem freien Staat alles Recht dazu. Schlimm ist nur, wenn ihr — aus welchen Gründen auch immer — niemand widerspricht. Dann bürgert sich ihre Sprachregelung ein; es rückt näher, was auch in der freien Wirtschaft verhängnisvoll ist: das Meinungsmonopol, die Marktbeherrschung durch mafiotische Manöver. Ein Unglück für alle, auch für das Monopol selbst. Es spürt nicht mehr den Stachel der Konkurrenz, es wird bequem, es löst den Anspruch,

geistig führend zu sein, nicht mehr ein, sondern erschöpft sich in der Wahrnehmung der Privilegien. „Mit der linken Hand" drückt dann nicht mehr die Art der Weltbetrachtung und möglichen Weltverbesserung aus, sondern die Schludrigkeit des Nebenhin-Erledigten. So läßt sich bei manchen namhaften Schriftstellern der Bundesrepublik feststellen, daß der Erfolg sie nicht zu höherem Ehrgeiz beflügelt, sondern zur Ausnutzung ihrer Marktposition verleitet hat.
Die Literatur hat, wie alle Dinge dieser Welt, auch sehr irdische Voraussetzungen. Sie muß, wenn sie hauptberuflich betrieben wird, ihren Mann nähren, wünschenswerterweise mit Weib und Kind. Das Buch, der Artikel, die Szene, sogar das Gedicht sind auch – der Akzent liegt auf „auch" – Waren auf einem Markt. Schriftsteller können Interessen wahrnehmen wie Schuhhersteller oder Kaufhausmanager. Sie sind, vor allem weil sie ihre Stimme öffentlich hören lassen, immer zugleich auch ins politische Umfeld einbezogen, können sich in die öffentlichen Belange stärker einmischen als der Wähler, der seine Stimme – so lautet der doppeldeutige Ausdruck – abgibt. Je intensiver sie die Marktseite ihres Schreibe-Daseins wahrnehmen, sei es die geschäftliche, sei es die politische, um so mehr nähert sich Literatur dem „Betrieb", einem Wort, das ja mit allem Zubehör, einschließlich Betriebsräten und Betriebsamkeit, dem Markt angehört.
Wo der Kreislauf der Meinungen Schaden leidet, wo das Monopol sich durch tüchtiges Management verfestigt, droht der Literaturbetrieb die Literatur selbst zu ersticken. Diese Schrift versucht dem entgegenzuwirken. Sie ist nicht für die Rechte und nicht gegen die Linke geschrieben, sondern für einen freien und sachgemäßen Gebrauch von Federn und von Köpfen. Damit sind freilich Korrekturen verbunden, zum Beispiel

an der linken Legende, es habe zu Beginn der Republik eine Ära der Restauration und erst in den sechziger Jahren den Weg zur Freiheit und damit die Chance zur Blüte gegeben. Die Gegenthese dieser Schrift lautet, daß die Ära Adenauer eine Zeit der großen Freiheit gewesen ist, eine Blüte der Literatur, die dann unter der Einwirkung eines immer selbstherrlicheren und unduldsameren Zeitgeistes verwelkte bis hin zur Öde der achtziger Jahre.

Diese These ist unbequem, provokant, kritisch, wendet sich an Leser, die ihrerseits bereit sind, neue Denkansätze auszuprobieren. Die Linke hat mehr als ein Jahrzehnt lang versucht, ihre inzwischen längst zur gängigen Münze gewordenen Meinungen immer wieder als kühn, neu, von Verfolgung und Zensur bedroht auszugeben oder, wie es Helmut Schelsky am Beispiel Böll demonstriert hat, „Kardinal und Märtyrer" zugleich zu sein. Darum diese Schrift mit dem Vorsatz, die Balance wiederherzustellen, die Szene wieder zu bereichern, die Lust am Widerspruch zu wecken, sowohl gegen die bestehenden „Herrschaftsstrukturen" der Literatur und der Medien wie auch — warum nicht? — gegen die hier aufgestellten Thesen. Der richtige Demokrat wartet auf Widerspruch.

Dies ist nur eine Schrift, kein Buch; nur eine polemische Erörterung, kein Panorama. Darum fehlt vieles, was in den gleichen Zusammenhang gehören würde. So fehlt alles, was die Form, die Formen der Literatur betrifft, also auch ein Kapitel über „experimentelle Literatur". Es fehlt eine Sparte der Emanzipation, die ich — losgelöst aus dem politischen Kontext — als eine notwendige und wohlgelungene sehe: die der schreibenden Frauen.

Viel wäre zu sagen über den „Anschluß" der meisten Schweizer Autoren an den bundesdeutschen Literaturbetrieb, über die ebenso charakteristische Sonderbewegung der österreichischen Literatur. Was die DDR angeht, so wäre zu zeigen, was es bedeutet, wenn die Literatur ein Staatsbetrieb wird, wie aber Ernst und Ethos sich gerade im Kampf um die Freiheit des Schaffens festigen. Viel kann dazu noch geschrieben werden, wird dazu noch geschrieben werden müssen, dies ist nur eine Eröffnungspartie.

Zum Verfahren: Ich bin im allgemeinen chronologisch vorgegangen, nicht um erzählend den Vorgängen zu folgen, sondern um nacheinander Tableaux vorzustellen, Zeit-Panoramen: die Adenauerzeit, die Übergangszeit bis 1968, die Kulturrevolution, die Zeit danach bis heute. In diese Zeit-Kapitel sind Intermezzi eingeschoben, die einen einzelnen Aspekt als Exempel herausgreifen, Illustrationen, die Details erkennen lassen: den Schöne-Zukunft-Traum des Intellektuellen; die Abschaffung des christlichen Gottesbegriffes als eines sperrigen Hindernisses auf dem Weg dorthin; schließlich einen spezifischen Fall von Machtergreifung und Machtbehauptung. Sowohl der PEN wie die auswärtige Kulturpolitik hätten weitere Beispiele geliefert, bei denen ich aus dem Nähkästchen hätte plaudern können. Gerade darum habe ich sie beiseite gelassen.

Es ist in Deutschland — im Gegensatz zu Frankreich — nicht üblich, die Literatur zu hinterfragen, ihr auf die Schliche kommen zu wollen. Es gilt als unfein zu vermuten, daß es in diesem missionarischen Gewerbe Schliche gibt. Die enorme Sensibilität in diesem Punkt hat die „kritische" Linke von den weihevollen rechten Literaten übernommen. Angesichts dieses Tatbestandes kann — so meine ich — ein kurzer Blick hinter die Kulissen kaum schaden.

München, im August 1984

Werner Ross

Erstes Kapitel

Die glorreiche Restauration

Nur wer fünfzig ist oder älter, erinnert sich noch aus eigenem Erleben an die Adenauerzeit. Nur wer sechzig ist, weiß noch Genaueres von den Nazis, nur wer die Siebzig erreicht hat, verbindet eigene Erfahrung mit der Weimarer Republik. Alle Jüngeren wissen jeweils nur vom Hörensagen, was sich damals zugetragen hat. Oder vielmehr: sie glauben es zu wissen, von Geschichtslehrern oder aus Fernsehserien. Sie sind, ohne es zu ahnen, schon manipuliert: abhängig von den Erfahrungen anderer, von den Geschichtsbildern anderer, von den Tendenzen anderer. Sie nehmen für bare Münze, was auf der zweifelhaften Wertung von Informanten beruht.

Die Ära Adenauer — vierzehn Jahre von der Kanzlerwahl 1949 bis zu seinem Rücktritt 1963 — ist ein Musterbeispiel solcher Manipulation. Eine stillschweigende Verabredung oder eine vom „Zeitgeist“ ausgegebene Sprachregelung besagt, daß sie als *restaurativ* zu gelten habe, als konservativ mit reaktionären Zügen, als bloße Wiederherstellung abgelebter Zustände, als Asyl belasteter Nationalsozialisten (die beiden Fälle Globke, Oberländer), gekennzeichnet durch krassen Materialismus der Bundesbürger, die nicht nur ihr Dach überm Kopf, sondern auch ihr Schäfchen im trockenen haben wollten, durch die Wiederherstellung schließlich der Macht jener industriellen Kräfte, die sich im Dritten Reich mit der Beteiligung an Hitlers Raubzügen disqualifiziert hatten.

Dieses Bild wurde als dunkle Folie vor den kulturrevolutionären Zielen und Aktionen der *neuen Zeit* gebraucht, die mit den Studentenunruhen von 1968 einsetzte und mit dem Ruf nach „mehr Demokratie" ihre Ziele formulierte. Die Bundesrepublik würde endlich der Kulturstaat, ja der Literaturstaat werden, den zu gründen nach 1945 versäumt worden war, das Land der Freien und Gleichen, wie es Walter Jens mit Prophetenpathos ankündigte.

In dem Buch der Elisabeth Endres über die Literatur der Adenauerzeit findet man die einschlägigen Klischees:

> Nun ist natürlich das Wort Restauration fällig. Die Statik des Denkens, Dichtens und Forschens läßt sich mit diesem Ausdruck benennen. Da man aber das Erstarken des Kapitalismus nach dem Zweiten Weltkrieg ebenfalls als restaurativ bezeichnet, bietet sich die Schlußfolgerung geradezu an: Der Geist als solcher . . . befand sich wieder einmal in dem Kabinett des Überbaus, das genau über dem Zimmer lag, in dem sich im Erdgeschoß, in der Basis, die kapitalistische Wirtschaftsform geschäftig herumtrieb.

Als Frau Endres ihren Rückblick veröffentlichte — 1980 —, war das Urteil über den restaurativen Charakter der Epoche schon dreißig Jahre alt.

1950 — zwei Jahre waren seit der Währungsreform verstrichen, ein Jahr seit der Begründung der Republik und Adenauers Wahl zum Kanzler — veröffentlichte Walter Dirks in den „Frankfurter Heften" einen Aufsatz, der eben mit diesem Schlagwort überschrieben war: „Der restaurative Charakter der Epoche".

> Die „Elite" denkt und empfindet allerorten antirestaurativ, — in den Institutionen spielt sich, teils unterirdisch, teils sichtbar, ein Kampf zwischen den Restauratoren und den Erneuerern ab, in der Wirtschaft und im Alltag überwiegt die restaurative Wirklichkeit . . .

Die in Anführungszeichen gesetzte Elite — also nicht mehr die von ehedem — waren Gewerkschaftler oder

Christen oder Intellektuelle schlechthin, die „vorwärtsdrängenden Kräfte". Es war auch und vor allem die Jugend, denn so kategorisch alle Elemente der nazistischen Vergangenheit abgelehnt wurden, der Kult der Jugend, das Selbstgefühl der Jugend, die Ablehnung des abgelebten Alten übertrugen sich von der Hitlerjugend auf die Frontheimkehrer. „Nicht die aus dem Krieg heimkehrende Jugend setzte sich in diesen Jahren durch, was wir optimistisch erwartet hatten, sondern die ältere Generation", so Hans Werner Richter, der Erfinder und Begründer der Gruppe 47, in seinem Rückblick. „Wir waren ausgeschaltet", vermerkt er bitter, als ob jemals nach einem verlorenen Krieg zuerst die Frontkämpfer mit Führungsposten ausgestattet worden wären. Restauration war in diesem Sinne die Wiederherstellung des Alten durch die Alten.

Schon 1953 — die Republik war ein vierjähriges Kind — entwarf der Schriftsteller Wolfgang Koeppen jenes Horrorbild vom parlamentarischen Bonn, dem „Treibhaus", dem Dschungel, das sich für eine bestimmte Art der Betrachtung wie ein Film über das reale Bonn schob und am Ende den Vergleich mit der „Bananenrepublik" heraufbeschwor. Koeppens Held, Keetenheuve, kehrt nicht von der Front heim, sondern aus der Emigration. Er hat gehofft, Jugendträume verwirklichen zu können, glaubt an eine Wandlung, muß aber bald einsehen, daß die Menschen die gleichen geblieben sind. Und die Politik? „An jeder Entscheidung hingen tausendfache Für und Wider, Lianen gleich, Lianen des Urwalds, ein Dschungel war die praktische Politik, Raubtiere begegneten einem . . ."

Besser war es in der Weimarer Republik gewesen:

> Im Berliner Café diskutierte man die Schulen der Psychoanalytiker. Tulpe war Kommunist, Keetenheuve war Bürger. Es war die Zeit, als Bürger und Kommu-

> nisten miteinander sprachen ... Doch nie kam es zu der Erhebung, von der die Knaben träumten, nie, nie, nie, was blieb und immer wiederkehrte, waren die schwarzverbrannten Kartoffelpuffer der Armut, war der mattrosa Trank der Evolution, eine Limonade aus synthetischen Säften, aufbrausend, wenn man die Flasche öffnete, und aufstoßend, wenn man sie getrunken hatte.

Bonn, wiederum nicht aus einer revolutionären Erhebung, nicht aus dem Gespräch zwischen Bürgern und Kommunisten, sondern aus der Kungelei von Kapitalisten und Katholiken hervorgegangen, war zu verwerfen: wenn nicht Dschungel, dann Limonade. So sah Koeppen-Keetenheuve die Jugend von 1953:

> Schulkinder hockten am runden Tisch des Bahnhofrestaurants, reizlos angezogene Mädchen, Jungen, die schon Beamtengesichter hatten, verstohlen rauchten, auch sie waren fleißig, wie der Kanzler, hatten Bücher aufgeschlagen, lernten, strebten (wie der Kanzler?), eine Jugend verbissenen Gesichts, was für vernünftig galt, was dem Fortkommen diente, steuerte ihr Herz, sie dachten an den Stundenplan und nicht an die Sterne. Wohin Keetenheuve auch blickte; selbst bei den Kindern in der Bahnhofs-Restauration.

Es versteht sich, daß Koeppen-Keetenheuve der parlamentarischen Demokratie, diesem „oratorischen Theater", wenig Reize abgewinnen kann, er mißversteht sie als „Diktatur auf Zeit": „Die Mehrheit regierte. Die Mehrheit diktierte. Die Mehrheit siegte in einem zu." Schon meldet sich in Koeppens Bonn-Phantasmagorie die später so heiß erträumte Basis-Demokratie:

> ... hier lag die Wurzel des Übels, sie würden zurück in ihre Provinzorte reisen und dort verkünden, Knurrewahn will, daß wir uns so und so verhalten, Knurrewahn und die Partei befehlen, statt daß es umgekehrt

gewesen wäre, statt daß die Provinzboten zu Knurrewahn gesagt hätten, das Volk wünscht, das Volk will nicht, das Volk trägt dir auf, Knurrewahn, das Volk erwartet von dir ...

So ist das „Treibhaus" weder ein großer Roman noch eine treffende Satire geworden, sondern nur die Projektion des Ärgers über die nicht zustande gekommene „andere" Republik; kurz und bündig heißt es von Keetenheuve, dem Oppositionspolitiker: „Er diente der Restauration." Einziger Ausweg: Keetenheuve geht in den Rhein.

Der Ärger war so frisch wie die Republik jung. Die andere, die sozialistisch-demokratische Republik war vor der Tür gestanden. Bei der SPD hatte Victor Agartz, Kurt Schumachers wirtschaftspolitischer Berater, Wirtschaftslenkung aufs Programm geschrieben. In der CDU sah es so aus, daß im April 1946 die CDU-Vertreter der westlichen Besatzungszonen unter Adenauers Federführung dem Berliner CDU-Begründer Jakob Kaiser energisch mitteilen mußten, sie seien mit folgenden Thesen *nicht* einverstanden:

1. auf deutschem Boden bzw. in Berlin müsse eine Synthese zwischen Ost und West erfolgen,
2. die bürgerliche Epoche sei zu Ende,
3. das kommunistische Manifest sei eine Großtat.

Im Juni des gleichen Jahres berichtete Adenauer dem Jesuitenpater Becher, daß der Zentrumsführer Spiecker die Sprengung der CDU beabsichtige, um aus linksgerichteten Teilen der CDU und aus rechtsgerichteten Teilen der SPD eine neue Partei zu bilden. Gewisse Teile des katholischen Klerus hielten „in einer fast fanatisch zu nennenden Weise" an dem neuen Zentrum fest. Ein Jahr später kam das Ahlener Programm der CDU zustande, mit weitgehenden Konzessionen an den linken Flügel, mit Grundsatzkritik am

Kapitalismus und mit der Forderung nach Vergesellschaftung der Schlüsselindustrien.
In die gleiche Richtung wiesen die damals höchst einflußreichen „Frankfurter Hefte“, die Walter Dirks und Eugen Kogon herausgaben, und die Zeitschrift der jungen Generation „Der Ruf“, die von einer Mittlerrolle Deutschlands zwischen Ost und West träumte und die schon damals den Sozialismus mit menschlichem Gesicht verkündete („Diese junge Generation ist sozialistisch ... Was sie sucht, ist die Verwirklichung des Menschen in einer notwendig gewordenen gebundenen sozialistischen Ordnung“). Als die Amerikaner den „Ruf“ verboten, schlossen sich die „Ruf“-Autoren zur Gruppe 47 zusammen.
Da diese Sprecher und ihre Gruppen zwar den sowjetischen Kommunismus ablehnten, aber ebenso vehement für einen Dritten Weg zwischen dem Kommunismus und dem Kapitalismus stritten (welch letzterer „die Fortsetzung des Hungers, des Massenelends und des Massensterbens“ bedeutet hätte, so Hans Werner Richter), würde es beim Sieg dieser Richtung bestenfalls zu einer Neuauflage der Weimarer Republik gekommen sein, zu einer Restauration der damals ausgetragenen ideologischen Kämpfe und des gefährlichen Schwankens zwischen Ost- und West-Anlehnung. Wahrscheinlicher wäre der Sieg eines zunächst neutralistisch verkappten, dann sich dem Osten anschließenden planwirtschaftlichen Systems gewesen.
Demgegenüber war der Große Coup der Währungsreform einerseits zwar die Restauration des Weimarer Systems, mit gewissen Retuschen als Ergebnis des Lernens aus den früheren Fehlern, andererseits aber etwas entschieden Neues: nämlich der Übertritt ins westliche Lager, der Anschluß an die alten Demokratien, ohne Wenn und Aber. Da uns diese Republik von 1949 so

selbstverständlich geworden ist wie das Haus, in dem wir wohnen, ist uns die Kühnheit dieses Schrittes, den der Neoliberale Erhard auf eigene Faust, mit Adenauers Rückendeckung, wagte und vollzog, nicht mehr vorstellbar. Er erfolgte gegen starke Widerstände auch in der CDU. Adenauer integrierte dann den genialen Wirtschaftsfachmann in seine Partei. Bei einer Sitzung des Zonenausschusses der CDU am 25. Februar 1949 erklärte er zum Ahlener Programm: „Alle solchen Programme und programmatischen Sätze haben keinen Ewigkeitswert, sondern sollen sich mit den Dingen beschäftigen, die jetzt akut sind." Sozialisierung war nicht mehr akut. Der gesunde Menschenverstand hatte Ideologie und Idealvorstellungen außer Kraft gesetzt.
Man darf es auch so ausdrücken: Adenauer rettete mit Erhard – gegen die SPD und starke Kräfte in der eigenen Partei, auch gegen die planwirtschaftlich gesonnene englische Besatzungsmacht – die Freiheit. Er restaurierte sie. Wenn die wohlgesinnten linken Literaten an die Wandlung des Menschen glaubten – *er* war zu alt dazu. Er sah, daß die Planwirtschaft zugleich immer Machtzusammenballung bedeutet. An Maria Sevenich, die alte Mitstreiterin, schrieb er am 12. Dezember 1946:

> Wirtschaftliche Macht darf nicht zur Stärkung der politischen Macht dienen. Es war in der Vergangenheit falsch, es würde auch in Zukunft falsch sein, wenn wir die wirtschaftliche Macht in der Hand eines schließlich doch von verhältnismäßig wenigen Leuten regierten demokratischen Staates vereinigt halten ... Von allem anderen abgesehen, würden wir damit ein zentralistisches Reich von einer Allmacht bekommen, wie wir es zur Zeit des Nationalsozialismus gehabt haben.

Er hatte allen Grund, Machtzusammenballungen zu fürchten. Er dachte nicht ideologisch, sondern in

Machtstrukturen und Machtkonstellationen. Gelernt hatte er in der Kommunalpolitik, in dieser Volksschule des Parlamentarismus. Und nicht nur die Nazis hatten den freiheitlich Gesinnten als Kölner Oberbürgermeister abgesetzt, sondern auch die Engländer.

Was Adenauer, was Bonn, aber auch was die Länder in den vierzehn Jahren des Aufbaus — nach den zwölf Jahren der Zerstörung — leisteten, ist ungeheuer, auch wenn man glückliche Umstände wie die Hilfe Amerikas in die Bilanz mit einbezieht. Es war nicht die eine Partei allein, es waren die demokratischen Gründerväter der Republik. Überwiegend ältere Politiker.

Vom Wiederaufbau der Industrie bis zum Wiederaufbau der Städte, vom Lastenausgleich bis zur Rückkehr der Gefangenen, von der Einbindung in den Westen bis zum deutsch-französischen Freundschaftsvertrag waren es gewaltige politische Leistungen. Koeppen-Keetenheuve, hätte er sich näher umgeschaut in Bonn, würde die Rentenreform, die expansive Lohnpolitik, die Einführung der Vierzigstundenwoche und viele andere Fortschritte der sozialen Marktwirtschaft entdeckt haben.

Wenn es denn eine Restauration war, dann — in Abwandlung des Wortes von der „glorious revolution" (als in England die Stuarts gestürzt wurden) — eine *glorreiche Restauration.* So sollten wir's im Sinn haben, stolz darauf sein, daß es gelang, die Freiheit zu restaurieren und uns in der sozialen Marktwirtschaft der Gleichheit auf vernünftige Weise anzunähern.

Da wir aber ein handfestes und handhabbares Wort für diese Epoche brauchen, sollten wir — in aller Unschuld wie die Amerikaner, wenn sie an Washington, Jefferson, Adams denken — von der Zeit der Gründerväter sprechen.

Erstes Intermezzo

Keetenheuves Traum

Wir kehren noch einmal zu Koeppens „Treibhaus"-Roman zurück als zu dem Musterbeispiel dessen, was später Staatsverdrossenheit heißen sollte, Verschmähung des Spatzen in der Hand zugunsten der strahlend weißgefiederten Taube auf dem Dachfirst der Utopie. An ihm läßt sich am besten ablesen, warum zwischen dem neuen Staat bescheidener Machart und der neuen Literatur mit ihren hochfliegenden Träumen kein Pakt zu schließen war. Nicht der Staat bot zu wenig — *sie* wollte zuviel, und zwar möglichst sofort.

Wir schauen aufs Programm:

> Was wollte Keetenheuve? Jedes Dach war besser als keins. Er wußte es. Er kannte Barackenlager und Nissenhütten, er kannte Bunkerwohnungen, Trümmerunterkünfte, Notherbergen ... Er wußte, daß die Mindestwohnung, die der Ausschuß bauen wollte, ein Fortschritt gegen dieses Elend war. Aber er mochte die Beschwichtigung nicht. Er sah kein Schrebergartenglück. Er meinte die Situation zu durchschauen: Sie barg Gift und Bazillen.

So hatten — ach — schon die Nazis für die Kinderreichen gebaut, das Neue war wie damals, nur noch enger und dürftiger.

„Wollte er die Revolution?" Nein, die Revolution war nun Romantik geworden, „die blaue Herbariumsblume der Romantik". Was aber dann? „Er war dafür, der Gorgo ins Gesicht zu sehen. Er wollte den Blick vor dem Grauen nicht senken." Das klingt heroisch-pathetisch, sozusagen zähneknirschend. Aber dann wechselt zum Erstaunen des Lesers die Tonlage:

> Aber er wollte behaglich wohnen und dem Teufel etwas ablisten. Er war für das Glück in der Verzweiflung. Er war für Glück aus Komfort und Einsamkeit, er war für ein jedermann zugängliches, einsames, komfortables und verzweifeltes Glück, in der nun einmal geschaffenen technischen Welt. Es war nicht nötig, daß man, wenn man traurig war, auch noch fror; daß man, wenn man unglücklich war, auch noch hungerte; es war nicht nötig, daß man durch Schmutz wandelte, während man an das Nichts dachte.

Keetenheuve irrt, wenn er „man“ und „jedermann“ schreibt. Er schiebt der Allgemeinheit unter, was *sein* Problem ist. Der Jedermann ist unglücklich, wenn sein Kind stirbt oder wenn ihn seine Braut verläßt, ist traurig, wenn er arbeitslos wird — und ans Nichts denkt er nur, wenn seine Taschen leer sind.
Aber Keetenheuve zieht aus seiner Verzweiflung und seiner Vorliebe für Komfort trotzdem allgemeine Konsequenzen:

> Und so wollte Keetenheuve den Arbeitern neue Häuser bauen, Corbusier-Hausungs-Maschinen, Wohnburgen der technischen Zeit, eine ganze Stadt in einem einzigen Riesenhaus mit künstlichen Höhengärten, künstlichem Klima, er sah die Möglichkeit, den Menschen vor Hitze und Kälte zu schützen, ihn von Staub und Schmutz zu befreien, von der Hausarbeit, vom Hauszank und allem Wohnungslärm. Keetenheuve wollte zehntausend unter ein Dach bringen, um sie voneinander zu isolieren, so wie die großen Städte die Menschen aus ihrer Nachbarschaft heben, ihn allein sein lassen, ein einsames Raubtier, ein einsamer Jäger, ein einsames Opfer, so sollte jeder Raum in Keetenheuves Riesenbau gegen jeden anderen schallabgedichtet sein, und jeder sollte sich in seiner Kammer das ihm gemäße Klima einstellen, er konnte allein sein mit seinen Büchern, allein mit seinem Denken, allein mit seiner Arbeit, allein mit seinem

> Nichtstun, allein mit seiner Liebe, allein mit seiner Verzweiflung und allein mit seiner menschlichen Ausdünstung.

Von Glück dürfen wir sagen, daß ein Adenauer, ein Erhard, ein Zinn und ein Högner in dieser Zeit regierten und nicht Koeppen oder Keetenheuve. An Keetenheuves Traumstadt ist ja nicht die Unbezahlbarkeit das Schlimmste, sondern die Unmenschlichkeit, die tatsächlich nur der Schriftsteller aushalten kann, der bei seinen Büchern und seinen Figuren Gesellschaft findet. Die kleinen Leute wissen besser, was alles zum Leben gehört; einschließlich Zank, Lärm und — offenbar Keetenheuves besonderes Problem — menschlicher Ausdünstung.
Im Grunde möchte dieser Wolkenkuckucksheimträumer nicht so sehr, daß es den Menschen allgemein bessergehe. Er möchte eine ästhetisch befriedigende Umwelt durch die Fensterscheiben seiner eigenen schalldichten Eremitenzelle erblicken:

> ... eine mächtige Wohnstadt, welche die häßliche Landschaft der Halden, der Auswürfe der Gruben, des Kotes der Industrie, der Schrottplätze, der Abfallager in ein einziges strahlendes lichtfunkelndes Riesenhaus verwandeln sollte, das alle Kleinleutlichkeit der Stadtrandsiedlungen, ihre Enge, ihre Dürftigkeit, ihren lächerlichen Besitzwahn, der gehätschelt wurde zur Beschwichtigung des sozialen Neides ... aufnehmen und aufheben mußte.

Keetenheuves Traum von 1953 ist durch das Märkische Viertel in Berlin und durch andere moderne Trostlosigkeiten gründlich widerlegt. Die kleinen Leute, nicht mehr ganz arm, haben ganz andere Träume verwirklicht, Häuser im Grünen und Ferien im Süden, Konsum und Komfort, die ihnen zwar gefallen, weiterhin aber auf den ästhetischen Widerwillen und politischen Unwillen linker Intelligenz stoßen.

Keetenheuves Traum besiegelt die Binsenwahrheit, daß jeder die Welt aus seinem Winkel sieht — auch ein Schriftsteller. Darum sollte man seinen politischen Großvisionen nicht mehr Gewicht beimessen als denen von Ärzten, Apothekern, Advokaten und Architekten. „Was aber bleibet, stiften die Dichter“, bezieht sich im besten Fall auf ein dauerndes Werk, das den Zeitläuften Trotz bietet, gewiß nicht auf Vorschläge zur Lösung des Wohnungsproblems.

Zweites Kapitel

Von der Großen Freiheit zum Zeitgeist-Kartell

„In Deutschland ist der Glanz des einstigen Literaturbetriebs, den zuletzt noch Thomas Mann repräsentierte, in alle Winde zerstoben", das schrieb der Schweizer Literaturhistoriker Walter Muschg in einem „Die Zerstörung der deutschen Literatur" überschriebenen Aufsatz. Und: „Die Zerrissenheit des literarischen Lebens ist nur ein Ausschnitt aus der deutschen Ruinenwelt."

Die Autoren von einst seien zerstreut, verstummt oder umgekommen, die hohe jüdische Begabung und Intelligenz sei verschwunden, es fehle an jungen Talenten. Es gebe für den deutschen Schriftsteller keinen gesellschaftlichen Aufstieg mehr, keine öffentliche Wirkung, kaum ein Volk und Vaterland, an das er sich wenden könne. Er müsse sich für West- oder Ostdeutschland entscheiden „und hat so oder so einen schweren Stand".

Das war bitter gemeint und hart gesagt. Ein anderer Schweizer, Max Frisch, fand 1948 in Hamburg, daß besonders viele Deutsche unablässig darum besorgt seien, geistige Menschen zu sein, indem sie von Literatur, von Musik, von Philosophie sprächen. „Auffällig ist die Angst, ein Spießer zu sein; man wird kaum einem Deutschen begegnen, der dieses Wort nicht schon im ersten Gespräch braucht." Tatsächlich war es wohl die Angst, nachträglich für die Nazibarbarei haftbar gemacht zu werden. Immer war man doch stolz gewesen auf den deutschen Geist.

Der erste Bundespräsident Theodor Heuss war, wenn auch kein Dichter, so doch ein Autor: Das Lexikon zählt 24 Titel auf, viele davon erschienen während seiner Präsidentschaft. Seine Reden hatten Format, er war gebildet, wenn auch auf altväterliche Art. Adenauer hingegen war weder Literaturfreund noch Literaturkenner. Er repräsentierte den Durchschnitt deutscher Akademiker und deutscher Politiker, die bequem ein Leben lang ohne Literatur (seltener ohne Konzert- und Opernbesuche) auskommen. Es heißt, daß er vor dem Einschlafen Kriminalromane las. Man kann ihn sich Memoiren und Geschichtswerke studierend vorstellen, aber nicht mit Hölderlin oder auch nur mit Ernst Wiechert in der Hand. Als im Bundestag Carlo Schmid ihn vor dem rechten Abgeordneten Adolf von Thadden warnte, zog er in seiner Antwort das Fazit, Herr von Thadden habe doch „ganz vernünftig und ruhig" gesprochen, wenn er auch nicht „die dichterische Veranlagung" habe wie der Kollege Schmid.

Adenauers Memoiren sind trocken, aktenmäßig. Den Pfeffer hatte er verbal in schlagfertigen Antworten und ätzenden Kommentaren verbraucht. Seine Reden baute er sorgfältig, „meisterhaft" (so sein Bewunderer und späterer Gegner Bucerius) auf. Augstein verhöhnte im *Spiegel* Adenauers Zweihundert-Worte-Vokabular, aber Bucerius konterte: „Augsteins deutscher Bierernst hatte für die intellektuelle Schärfe dieses Mannes kein Organ."

Kein Organ hatten die deutschen Intellektuellen — als Kaste begriffen — für die pragmatische Konsequenz dieses staatsmännischen Handelns, das sich so ganz jenseits ihrer Kategorien und Ideologien vollzog. Die beiden Großtaten — die Versöhnung der Konfessionen und die Überwindung der Erbfeindschaft zwischen Deutschland und Frankreich — gingen ziemlich sang- und klanglos über die Bühne. Die eine erlaubte endlich die Bildung einer großen bürgerlichen Partei als natürliches Gegengewicht zur sozialdemokratischen Arbeiterpartei, die andere war der Ansatz für die Überwindung der innereuropäischen Spannungen und der Ausgangspunkt für ein — wenn auch mühselig — sich einigendes Europa.

Adenauer seinerseits hatte kein Organ für die in Presse, Funk und Fernsehen heranwachsende neue Schicht der Medien-Machthaber. Schon 1946 schrieb er, damals übrigens mit einem gewissen Recht: „Die deutsche Presse ist z. Z. sehr unbefriedigend ... Wir haben keine Journalisten mehr ... Die wenigen noch vorhandenen Journalisten sind zu ängstlich, aus sich herauszugehen ..." Die Angst bezog sich damals auf die Besatzungsmächte. Aber der Satz behielt seine Richtigkeit: Der unabhängige Journalist starb als Typ aus, der Zeitgeist-Journalist kam. Das Raunen und Murren einer sich bildenden literarischen Opposition wurde zunächst überhört. Was wäre gewesen, wenn Adenauer sich für seinen kölnischen Mitbürger Heinrich Böll ernstlich interessiert hätte? Die Frage bleibt offen. Sicher ist, daß Böll, dieser Todfeind aller autoritären Anmaßung, „den Adenauer" respektierte. In dem 1962, also kurz vor dem Ende von Adenauers Kanzlerschaft, erschienenen Aufsatz „Was heute links sein könnte" schrieb Böll: „Nicht Adenauer ist an Adenauer schuld — der ist, wie er ist, und bleibt, wie er ist —, sondern die anderen sind schuld, redliche vernünftige Männer, die sich langsam ausbeuteln lassen und bald nicht mehr wissen werden, ob sie noch Männer sind." Das war richtig beobachtet. Der Jasager-Geist, die alte Untertänigkeit, das „Jawoll", das bei den Preußen obligat und bei Hitler lebenerhaltend war, setzte sich in der Demokratie trotz Adenauers Bonhomie fort. Es blieb konstant, als die Spitze wechselte

und der Wind aus einer anderen Richtung blies. Es kostete nur die kleine Mühe, das Mäntelchen in die neue Richtung zu hängen.
Die spätere Legende von der Adenauerschen Restauration hat als geistiges Korrelat dazu die „Abendländerei“ erfunden, eine Christlichkeit mit katholischer Schlagseite, einen die Kulturlandschaft kontrollierenden Klerikalismus, verbunden mit Prüderie und Zensur, eine heuchlerisch-pharisäische Gesellschaft, die den raffgierigsten Kapitalismus mit salbungsvollen Bibelzitaten drapierte. So zum Beispiel das Bild, wie es sich in den Romanen Bölls — jeder weitere die Züge forcierend — darstellte. Von dem Wahrheitskern dieser Scheinheiligenlegende wird später zu sprechen sein. Zunächst ist für das erste Jahrzehnt nach dem Krieg eine fundamentale Feststellung zu treffen: Es war — nach der geistigen Verödung der Nazizeit — eine Periode der Großen Freiheit. Das Stauwehr brach, und in gewaltigen Kaskaden stürzte alles in die Besatzungszonen ein, was in vielen Jahren in vielen Ländern an Bedeutendem, an Interessantem, an Geistig-Maßgebendem, an Kritischem und an Erbaulichem, an Umstürzendem und an Amüsantem produziert worden war. Es stand alles wieder auf, was totgesagt, vernichtet, verbrannt worden war. Es konnte wieder schreiben, wer vorher hatte stillschweigen müssen.
Es erschienen im Jahr 1946: Brochs „Tod des Vergil“, Frischs „Nun singen sie wieder“, Lehmanns „Entzückter Staub“, Langgässers „Das unauslöschliche Siegel“, Plieviers „Stalingrad“, Werfels „Stern der Ungeborenen“, Zuckmayers „Des Teufels General“.
Es erschienen im Jahr 1947: Thomas Manns „Doktor Faustus“, Benns „Statische Gedichte“, Borcherts „Draußen vor der Tür“, Frischs „Santa Cruz“, Heinrich Manns „Ein Zeitalter wird besichtigt“, Nossacks

„Bericht eines Überlebenden“, die Gedichte der Kaschnitz.
Es erschienen im Jahr 1948: Andres’ „Ritter der Gerechtigkeit“, Brechts „Herr Puntila und sein Knecht Matti“, Eichs „Abgelegene Gehöfte“, Huchels Gedichte, Horkheimer-Adornos „Dialektik der Aufklärung“, Jaspers’ „Der philosophische Glaube“, Thomas Manns „Neue Studien“, Nossacks „Interview mit dem Tode“, Anna Seghers’ „Ausflug der toten Mädchen“.
Besonders reichhaltig war das Jahr 1949 mit u. a.: Benns „Ausdruckswelt“ und „Trunkene Flut“, Bölls „Der Zug war pünktlich“, Brechts „Kalendergeschichten“, Döblins „November 1918“, Heideggers „Holzwegen“, Jüngers „Strahlungen“ und „Heliopolis“, Erhart Kästners „Zeltbuch von Tumilad“, Erich Kästners „Der tägliche Kram“, Niebelschütz’ „Der blaue Kammerherr“, Hans Werner Richters „Die Geschlagenen“, Rudolf Alexander Schröders „Geistlichen Gedichten“, Zuckmayers „Barbara Blomberg“.
Die Liste läßt sich beliebig bis in den Anfang der sechziger Jahre verlängern, ohne daß sie an Niveau und an Farbigkeit verlöre. Rückblickend darf man feststellen: Es war nach den zwanziger Jahren eine *neue Blütezeit der deutschen Literatur.* Eine Nachblüte, weil die großen Figuren der zwanziger Jahre wieder da waren: Heinrich und Thomas Mann, Gottfried Benn, Hermann Hesse, Bert Brecht, Alfred Döblin, Franz Werfel, Erich Kästner, Carl Zuckmayer — wiederauferstanden, wenn sie verstorben waren wie Tucholsky, oder erst in ihrer wahren Größe entdeckt wie Kafka und Musil. Nachblüte auch, weil nun erst das Alterswerk von Jünger und Benn entstehen konnte, weil jetzt erst Bergengruen und Reinhold Schneider, Stefan Andres und Gertrud von Le Fort wieder Atem holen durften, weil nun erst die jungen Autoren der dreißiger

Jahre aus der Deckung kamen: Eich und Nossack, Jahnn und Huchel, Plievier und Lange.
Es stießen aber dazu auch die jungen Schweizer, deren Werke in bundesdeutschen Verlagen erschienen, Frisch und Dürrenmatt an der Spitze. Es meldeten sich neue Talente, nicht mehr ganz jung, weil der Krieg ihnen Lebenszeit gestohlen hatte, aber doch als neue Stimmen: Alfred Andersch, Heinrich Böll, Hans Werner Richter, Walter Jens, Wolfgang Hildesheimer, Helmut Heißenbüttel, Wolfgang Koeppen, Hans Magnus Enzensberger, Günter Grass, eine Fülle von Begabungen, die sich zum größten Teil in der Gruppe 47 locker verbanden, in den Gründerjahren der Republik, noch vor der Währungsreform und dem Grundgesetz, und deren Aufstieg zum literarischen Ruhm eben in die Adenauer-Ära fällt.
Wer die wahre Fülle dieser Jahre fassen will, muß hinzurechnen, was aus Frankreich, Italien, England, Amerika herüberkam: Sartre und Camus, Auden und Eliot, Hemingway und Faulkner, Thornton Wilder und Saroyan, Tennessee Williams und Arthur Miller, John Steinbeck und Ezra Pound. (Die große deutsche Proust-Ausgabe begann 1953 zu erscheinen, 1956 kam der erste „Ulysses", ein paar Jahre später der ganze Claudel.) Dies alles nur Kürzel für einen dramatischen Prozeß, für Widerhall und Diskussion, für Bücher, die endlosen Gesprächsstoff abgaben wie Simone de Beauvoirs „Mandarine von Paris" oder Aldous Huxleys „Pforten der Wahrnehmung" (1954).
Und dies alles der Notzeit abgetrotzt, den ungeheizten Sälen, der Papiernot, die durch „ro-ro-ro", Rowohlts Rotationsromane auf Zeitungspapier, überlistet wurde. Der geistige Hunger war unstillbar wie der körperliche. Auch die Kinos waren voll, es waren die „Fahrraddiebe" und „La Strada", „Die Faust im Nacken"

und „Die letzte Brücke“, „Wir Wunderkinder“ und „Das Mädchen Rosemarie“ zu sehen, und neben den neuen auch die klassischen Filme wie „Panzerkreuzer Potemkin“ und „Citizen Kane“. Das Neue vertrug sich mit dem Alten. Unvergessen die Goethefeiern des Jahres 1949: Thomas Mann reiste nach Frankfurt, München und Weimar, und an den Sonntagen las Mathias Wiemann im Rundfunk „Goethe erzählt sein Leben“.
Damit soll nicht Harmonisierung angedeutet werden, sondern die Lust der Vielfalt und das Belebende der Gegensätze: Streit gab es um Benn und um Brecht, um Thomas Mann und um Ernst Wiechert. Die Emigration warf Probleme auf ebenso wie die innerdeutschen Spannungen. Über Goethes (Un-)Zeitgemäßheit stritt Karl Jaspers mit Ernst Robert Curtius. Die ersten Preise wurden verliehen: Die Friedenspreise des Deutschen Buchhandels gingen zuerst an Max Tau und Albert Schweitzer, an Romano Guardini und Martin Buber, an Carl Jacob Burckhardt und an Hermann Hesse, der erste Büchnerpreis fiel an Gottfried Benn.
Nichts von alldem wuchs in Adenauers Rosengarten. Aber nichts von dem, was da hundertfältig aufblühte, wurde von dem angeblichen Restaurationsregime der Ära Adenauer in seiner Entfaltung behindert. In Düsseldorf, nicht weit von Bonn, etablierte sich das frechste und witzigste aller Nachkriegskabaretts, das Ko(m)mödchen. Gewiß, der ostdeutsche Kommunist Brecht mußte sich erst die aus öffentlichen Mitteln subventionierten Bühnen der Bundesrepublik erobern, aber die sich Widersetzenden galten schnell als die Ewig-Gestrigen, ihr Protest verhallte. Nicht weit von Bonn und Rhöndorf hatte sich im Bundeskanzlerjahr 1949 eine andere Residenz aufgetan: Horkheimers und Adornos Institut für Sozialforschung. Die Frankfurter Kritische

Schule leitete eine neue Aufklärung ein. Man muß die Fakten in ihrer Fülle und in ihrem Widerspruch sehen, um die große Freiheit zu würdigen, die sich da nach der Engstirnigkeit und Misere des Dritten Reiches, nach deutschen „Sprechern“ wie Rudolf G. Binding und Hans Friedrich Blunck aufgetan hatte, um Westdeutschland in die westliche Zivilisation zurückzuführen. Auch für die Deutsche Demokratische Republik, die sich östlich der Elbe als Gegenstaat kommunistischer Prägung entfaltete, waren die frühen Jahre die besten: noch Hoffnungsjahre eines erträumten freien Sozialismus. Brecht kam, Heinrich Mann wollte kommen, Arnold Zweig und Anna Seghers setzten die Tradition der zwanziger Jahre fort, man konnte noch aus dem Westen in den Osten gehen wie Hans Mayer und Stefan Heym.

Erst in dieses Gesamttableau läßt sich mit dem richtigen Gewicht das einzeichnen, was man als christliche Renaissance oder als deutschen „renouveau catholique“ bezeichnen kann und was Anlaß oder Vorwand für den Vorwurf bot, da werde eine zeitgemäße Neuauflage des Bündnisses von Thron und Altar, eine Neuinszenierung der romantischen Abendland-Mythologie vorgeführt.

Was zunächst Adenauer selbst angeht, so war er weltenweit von jeder mythologischen Unterbauung seines politischen Handelns und Planens entfernt. Er wollte den Anschluß an den Westen und die Einigung Europas: beides auch heute noch dauerhafte Zielsetzungen, freilich zum Teil verwässert, zum Teil gefährdet durch Neutralismus und Resignation. Sowohl das Frankreich Guy Monnets wie das de Gaulles waren seine natürlichen Partner, das Italien de Gasperis kam hinzu wie die Beneluxländer. Man kann sich darüber streiten, ob es bloßer Zufall oder politische Absicht war, daß dieses

Rumpfeuropa gewisse geographische Übereinstimmungen mit dem Reich Karls des Großen aufwies. Aachen jedenfalls wurde nicht Hauptstadt, kein neuer Mythos des 20. Jahrhunderts wurde angeboten. Es hat keine Zeitschrift, keine Bewegung, kein Programm von Bedeutung gegeben, welche sich bewußt in den Dienst einer abendländischen Ideologie gestellt hätten, der „Karlspreis" blieb eine lokale Aachener Erfindung wie der „Orden wider den tierischen Ernst".

Von höchstem Gewicht hingegen war die Christlichkeit dieses neuen, aus Ruinen sich mühsam aufraffenden Europa. Die Kirchen hatten zeitweilig paktiert, aber im ganzen widerstanden. Ihr Sündenfall war in jedem Fall geringer zu veranschlagen als der Teufelspakt, den Hitler und Stalin geschlossen hatten, um Polen und die Ostseestaaten ihren Reichen einzuverleiben.

Es bleibt festzuhalten, daß da eine idealistische Kraft am Werk war, die ihre Wurzeln in den zwanziger Jahren hatte, in dem großen religiösen Aufbruch, der sich in Deutschland an Namen wie Carl Muth, den Begründer und Herausgeber des „Hochland", an Theodor Haecker, an Romano Guardini knüpfte. Die Geschwister Scholl, die einzigen, die den Aufstand bewußt mit dem Blick auf den Märtyrertod wagten, waren Kinder dieses Geistes.

Eine große literarische Tradition war in Deutschland, Frankreich, England, Italien, bei skandinavischen Konvertiten und russischen Emigranten damit verbunden; im Parlament der Literatur waren die Christen eine starke Fraktion: Léon Bloy, Charles Péguy, Francis Jammes, Paul Claudel, François Mauriac, Georges Bernanos, Julien Green, Simone Weil mochten als Mannschaft die Dichter André Gide, Jules Romains, Romain Rolland, Giraudoux, Maurois, Montherlant, Cocteau,

Colette aufwiegen. Wichtiger war, daß keine Fraktion die andere verachtete, daß „Glaube“ und „Unglaube“ geistige Positionen waren, die Dialog wie Freundschaft einschlossen. Ähnliches gilt für die englischen Autoren Chesterton, T. S. Eliot, Graham Greene, Evelyn Waugh. Im gleichen Sinne spielten in Deutschland vor und nach dem Dritten Reich Gertrud von Le Fort und Ina Seidel, Werner Bergengruen und Ernst Wiechert, Albrecht Goes und Reinhold Schneider ihr literarisches Instrument im großen Konzert.

Das apokalyptische Ende des zweiten Weltkriegs hatte mit der Stärkung der Kirchen und dem Not-lehrt-Beten-Exempel den Einfluß dieser Gruppen mächtig gesteigert. Aufsehenerregende Konversionen wie die von Werfel und Döblin halfen ebenso nach wie der sich in Philosophie und großer Literatur weit öffnende metaphysische Horizont. „Doktor Faustus“ konnte christlich interpretiert werden, Hermann Hesses „Glasperlenspiel“ verherrlichte die klösterliche Lebensform und spielte sie gegen das „feuilletonistische“ Zeitalter aus; Kafka als Dritter im Bunde wurde metaphysisch ausgelegt. Selbst Sartre förderte den Trend mit seinem Stück „Le diable et le bon Dieu“.

Ein fleißiger Bibliograph hat zwischen 1950 und 1954 sieben Jesusromane namhafter Autoren ausgemacht, darunter Schalom Asch, Max Brod, Pär Lagerkvist, Dorothy Sayers und Robert Graves. Auch der Teufel kam zurück, nicht nur im „Doktor Faustus“. Die Verteufelung der Welt nach dem großen Atomschlag malte Huxley 1948 an die Wand in „Ape and Essence“. Sartres „L'Etre et le Néant“ stellte Gabriel Marcel in „Le Mystère de l'Etre“ (1951) eine christliche Existenzphilosophie entgegen. Eine mystische Umdeutung der Psychoanalyse vollzog C. G. Jung 1952 in seiner „Antwort auf Hiob“.

Im selben Jahr 1952 erschien in Paris das dauerhafteste Produkt dieser westlichen Gesamtstimmung zwischen Gott, Teufel und Nichts — Becketts „Warten auf Godot“, im Januar 1953 uraufgeführt und dann siegreich über alle Bühnen gehend, Ausdruck der metaphysischen Schwebelage, entweder atheistisch oder adventistisch auszudeuten. Es scheint mir unnütz zu untersuchen, was innerhalb jenes großen Aufgebots christlicher Produktionen und metaphysischer Fragestellungen originelle Schöpfung, was daran Tendenz, Mitläufertum, Anpassung war. Der metaphysische Horizont läßt sich jedenfalls ebenso in Faulkners „Requiem für eine Nonne“ wie in Eliots „Cocktail Party“, in Hemingways „Der alte Mann und das Meer“ wie in Graham Greenes „Ein ausgebrannter Fall“ wahrnehmen. Fromme Gesänge sind die des Popen und seiner Gemeinde in Frischs „Nun singen sie wieder“ (1945), und einen frommen Psalm betet der Wiedertäufer in Dürrenmatts gleichnamigem erstem Stück. Wer will unterscheiden, etwa bei Friedrich Heers großartig-schludrigem Versuch einer „Europäischen Geistesgeschichte“, bei Heinrich Bölls erbaulich-kritischem Roman „Und sagte kein einziges Wort“, bei des Arztes Peter Bamm Reise zu den „Frühen Stätten der Christenheit“ oder des Sachbuchschreibers Werner Keller Behauptung „Und die Bibel hat doch recht“, ob da der Heilige Geist oder nur der Zeitgeist wehte.
Auf der anderen Seite konnte von kirchlichem oder geistlichem Triumphalismus keine Rede sein. Dazu waren zu viele Fragezeichen, war zuviel Problembewußtsein da. Claudel wurde wie Urgestein bestaunt, Graham Greenes Zweifel und Zwielichtigkeiten trafen die Stimmung. Die Kirchen gaben sich fortschrittlich, förderten den modernen Kirchenbau und eine sich anpassende Liturgie; das Zweite Vatikanum kündigte

sich in einer allgemeinen Aufbruchsstimmung an. Auf einer anderen, komödienhaften Ebene zeigte der Massenerfolg des Romans „Don Camillo und Peppone", wie man das Duell der Zeit beurteilte: Don Camillo, der Priester, siegte zwar, aber sein kommunistischer Gegenspieler, der Bürgermeister, wollte seinerseits das Beste.

Ernst Jünger, der kühne und kühle Beobachter, hat in „Strahlungen" den offenen Charakter der Gottesfrage in den ersten Nachkriegsjahren für sich selbst mit einem Schachspiel verglichen: „Daher ist der Entschluß in unseren Tagen, sich zunächst an ein Glaubensgesetz zu halten, auch ohne innere Berufung, gar nicht so sinnlos, wie man gemeinhin denkt. Er gibt vielmehr die angemessene Eröffnung der metaphysischen Partie. Gott muß ja gegenziehen." „Schöner wäre gewiß die Gnade", fährt er nicht ohne Ironie fort, „doch entspricht sie nicht der Lage und nicht dem Stande, in dem ich bin."

Um die Gnade ging es oft in der metaphysischen Literatur dieser Jahre, um den Lichtstrahl, der in die durchaus dichte Finsternis fiel. Es war auf christlicher Seite das „Prinzip Hoffnung", das dann 1954—1956 als neue Wegmarke den Wanderern und Pilgern auf der anderen, der marxistischen Seite von Ernst Bloch aufgerichtet wurde, auch dies auf seine Weise ein Stück Religion.

Was hier als Panorama aufgeblättert wurde, ist den Älteren vertraut. Bei den Jungen ist der Verdacht erlaubt, daß sie kein Wörtlein davon gehört haben. Für sie liegt am Anfang der Republik ein düsterer Block: Restauration. In den 17 Seiten, die der Literaturkritiker der Süddeutschen Zeitung, Heinrich Vormweg, einer Darstellung der deutschen Gegenwartsliteratur von 1945—1960 widmet, bevor er zur Gruppe 47 überleitet, wird die christliche Dichtung mit keinem Wort erwähnt. Das „Bundesrepublikanische Lesebuch“ des Nürnberger Kulturdezernenten Hermann Glaser will zu drei Jahrzehnten geistiger Auseinandersetzung Texte liefern, weiß aber zu Romano Guardini nur zu sagen, daß man seinen Namen heute den Studenten buchstabieren müsse — „jedenfalls an Hochschulen, die sich aus der protestantischen Tradition der deutschen Universität verstehen“. Eine sonderbare Rekonfessionalisierung des Kulturverständnisses.

Nun zur Gruppe 47 und ihrem — im Gegensatz zu Brechts „Arturo Ui“ — unaufhaltsamen Aufstieg und ihrer lange Zeit marktbeherrschenden Rolle. Sie ist literarisch das erstaunlichste Phänomen der Nachkriegszeit, Gegenstand unzähliger Darstellungen, Bekenntnisse, Erinnerungen, Apologien, Fehden, Polemiken, Verunglimpfungen und Aburteilungen. Aus der Gruppe 47 gingen die ‚führenden Schriftsteller‘, die Wortführer der deutschen Literatur der sechziger und siebziger Jahre hervor. Kein früherer Zusammenschluß — weder der Göttinger Hainbund noch die Gruppe der Originalgenies, welcher der junge Wolfgang Goethe angehörte — ist ihr in der Beherrschung des Marktes vergleichbar. Durch ihre „Marktstrategie“ ist sie in so hohem Maße ein Produkt des Saekulums. Wie immer in der freien Wirtschaft, belebt zunächst Konkurrenz das Geschäft, ist aber andererseits die Verdrängung der Konkurrenz das Ziel. Völlig falsch war daher der polemische Vergleich, den der inzwischen vergessene CDU-Politiker Dufhues anstellte, als er die Gruppe 47 mit der nazistischen Reichsschrifttumskammer verglich, die als Zwangseinrichtung von oben auferlegt worden war. Die Gruppe 47 baute ihre marktbeherrschende Stellung aus, das war das Faktum, und

es gab kein Kartellamt für Geistesproduktion, das sie daran hätte hindern können.
Nach allem heftigen Für und Wider ist eine kritische Geschichte der Gruppe noch zu leisten. Sie hätte weniger auf das überreich belegte Anekdotische abzuheben als auf die ideologischen Tendenzen, die ihr das Gesicht gaben und die sie zum stärksten Widerpart des CDU-regierten Staates machten. Die folgenden Bemerkungen sollen erste Anhaltspunkte dazu geben.
Was zunächst das Organisatorische angeht, so bestand die Glanzleistung des Erfinders der Gruppe 47, Hans Werner Richter, darin, sie niemals in einen Verein, eine Akademie oder etwas ähnlich Festgefügtes umzuwandeln. Sie blieb zwanzig Jahre hindurch ein Provisorium, ohne Mitglieder, ohne Kasse, ohne Statut — ein Club bestenfalls —, gleichzeitig aber auch eine selbsteingesetzte Instanz für literarische Qualität. Von Hans Werner Richter zu einer Tagung eingeladen zu werden, war eine Art Adelsprädikat. Es gab dafür keine Spesen, aber, was weit wichtiger war, es wurden Verbindungen geknüpft. Liest man in Reinhard Lettaus Gesamtdarstellung die rund zweihundert Namen derer, die bei Tagungen der Gruppe 47 gelesen haben, so scheint die deutsche Literatur der Zeit fast vollständig versammelt — bis auf die weitgehend ausgesparte christliche. Rund hundert weitere Namen rangieren unter „Kritiker und Gäste", auch dies ein erlesener Verein, in dem die Kaschnitz und Hermann Kesten, Hans Werner Henze und Stefan Hermlin, Wolfgang Neuß und Luigi Nono, Ernst Bloch und Peter Szondi aufgeführt sind, dazu die Kritiker Joachim Kaiser, Hellmuth Karasek, Hans Mayer, Fritz J. Raddatz, Marcel Reich-Ranicki, Hans Schwab-Felisch, Dieter E. Zimmer, sozusagen das Feuilleton in Person, und die Verleger Hanser, Keel, Knaus, Ledig-Rowohlt, Piper,

Unseld, Wagenbach, Walter. Wie bei jedem Zusammenschluß gehobenerer Art bestand die Attraktion darin, wenigstens einmal dabeigewesen zu sein.
Die Tagungen der Gruppe 47 wurden eine Einkaufsbörse für junge Talente. Entscheidend wurde schon in den ersten Jahren, in denen sich Verleger und Talententdecker noch fernhielten, die Teilnahme eines Autors, dem über Nacht ein Schlüsselposten zufiel: Ernst Schnabel, der 1951 Intendant des Nordwestdeutschen Rundfunks wurde. Mit Hans Werner Richters eigenen Worten:

> Durch die Teilnahme des NWDR-Intendanten Ernst Schnabel ergaben sich enge Kontakte zu den großen Rundfunkstationen. Ihre Kulturabteilungen brachten die Erzählungen, die in Dürkheim (1951) gelesen wurden, und es entstand in dieser Zusammenarbeit in den folgenden Jahren mit Günter Eich, Wolfgang Hildesheimer, Ingeborg Bachmann und anderen das literarische Hörspiel. Tatsächlich kann man die Hilfestellung der Rundfunkredakteure für die Entwicklung der deutschen Nachkriegsliteratur nicht hoch genug einschätzen.

Ernst Schnabel richtete alles: 1952 schickte der Nordwestdeutsche Rundfunk einen Omnibus, der die süddeutschen Teilnehmer ins Gästehaus des Senders nach Niendorf an der Ostsee transportierte. Ernst Schnabel bezahlte für Paul Celan die Reise von Paris nach Hamburg. Auch anderswo saßen Rundfunkförderer. Heinz Friedrich verantwortete das Nachtstudio in Frankfurt, Horst Krüger in Baden-Baden, Gerhard Scszesny in München. Scszesny schickte Richter 1952 für ein Feature nach Wien, wo Ingeborg Bachmann entdeckt und „angegliedert" wurde.
So entsteht ein neues Establishment, ein aufblühender Literaturbetrieb. Es kommen junge Leute hinzu, die

wir inzwischen als grauhaarige Würdenträger oder als rüstige Prominenz kennen: Böll, Grass, Joachim Kaiser, Walser, Enzensberger, alle zu Beginn der fünfziger Jahre völlig unbekannt. Die Solidarität der Gruppe und die Beihilfe der Mächtigen erlaubt ihnen den Aufstieg, der durch ihr eigenes Talent dann bestätigt wird.
Wir stellen nun die kritische Frage nach dem Ideenhaushalt der Gruppe 47 und ihres Gründers Hans Werner Richter, zu dem als Mitkämpfer der ersten Stunde Alfred Andersch trat. Auf den Tagungen wurden zwar nur literarische Texte gelesen, aber in den Nächten wurde heiß und lange debattiert, politisch, versteht sich. Das fand wiederum publizistischen Niederschlag, hatte weitreichende Wirkung. Bekämpft wurden, so Richter, „alle faschistischen, nachfaschistischen und alle obrigkeitsstaatlichen Tendenzen", befördert wurde die „Demokratisierung". Oder, wieder Richter selbst, über die hinzutretende junge Generation: „Was sie darüber hinaus mit uns verband, war nicht eine gemeinsame Weltanschauung, etwa der Sozialismus, sondern die gleiche Mentalität, die man oberflächlich als links bezeichnen kann."
In derlei allgemeinen Wendungen drücken sich die einschlägigen Texte am liebsten aus, so etwa ein bekanntes Handbuch über Alfred Andersch: er übe zwar Kritik an der Gesellschaft, folge aber keinem Programm, keiner Partei, Institution oder Ideologie: „Sein Ziel ist Humanität, im Zentrum seines Schaffens steht der Mensch."
Zur Tarnung dienten Termini wie „kritisch", „unbequem", „progressiv". Zum Glück sind Schriftsteller aber Wesen, die sich in Büchern und Schriften aussprechen; so ist es nicht schwer herauszufinden, was „links" bei der Gruppe 47 — zwar nicht von allen Teilnehmern unterstützt, aber doch auf alle abfärbend —

meinte und was ihr als Tendenz zugrunde lag: nämlich eben jener träumerische demokratische Sozialismus, der Koeppens „Treibhaus“ und die „Frankfurter Hefte“ beflügelte und der dann in der Ära Brandt politisch zum Zuge kam. Die CDU war aus dieser Sicht nicht der demokratische Partner, sondern ein Hort der Reaktion. Der Adenauerstaat war der Gegner schlechthin, es galt ihn abzulösen, als „nachfaschistisch“ zu eliminieren.

Der Vorläufer der Gruppe 47 war die Zeitschrift „Der Ruf“, herausgegeben von Hans Werner Richter und Alfred Andersch. Die erste Nummer erschien im August 1946, ihr Programm war „statt Bekenntnis zur Kollektivschuld Ablehnung und Gegenwehr, statt Anerkennung der Maßnahmen der amerikanischen Militärregierung Kritik, statt Anlehnung an die politische Linie der Sieger bewußte differenzierte Distanz“. Auf der ersten Seite, die als Titelbild einen kapitulierenden deutschen Soldaten mit erhobenen Händen zeigt, erschien der Leitartikel von Alfred Andersch „Freiheit und Sozialismus“. Andersch war Organisationsleiter des kommunistischen Jugendverbandes in Bayern gewesen, nach dem Hitler-Stalin-Pakt zwar antisowjetisch geworden, aber sozialistisch geblieben. Er schrieb in diesem Auftakt-Artikel:

> Sozialismus — das meint in diesem Fall, daß Europas Jugend „links“ steht, wenn es sich um die soziale Forderung handelt. Sie vertritt wirtschaftliche Gerechtigkeit und weiß, daß sich diese nur im Sozialismus verwirklichen läßt, in einem wirklichen Sozialismus, nicht in „sozialen Reformen“. Der Menschengeist hat eine Stufe erreicht, in dem ihm der private Besitz an Produktionsmitteln ebenso absurd erscheint wie vor zweitausend Jahren die Sklaverei.

Im weiteren trat Andersch heftig und „fanatisch“ für die Freiheit ein. Das war ernst gemeint, gut gemeint,

ist aber bis heute ein unklares Ziel und eine leere Hoffnung geblieben.
Was in Richters Erinnerungen auffällt, ist die durchgängige Abneigung gegen jenes Amerika, das er als Kriegsgefangener kennengelernt hatte. Was er in den USA und im besetzten Bayern erlebte, erschien ihm als eine neue Diktatur, eine Militärdiktatur. Der Kampf gegen die Besatzer, den er auf seine Fahne schrieb, war tatsächlich ein Kampf gegen *den* Besatzer, gegen die Amerikaner in Bayern. Darum wurde der „Ruf" von den Amerikanern verboten.
Richter selbst hatte bei einer Reise zu seinen Eltern nach Pommern auch das sowjetische Besatzungsregime und den neueingeführten DDR-Sozialismus kennengelernt. Der „Ruf" brachte eine Reportage über diese Reise:

> Ich hörte viel Gutes über die Agrarreform. Hier und da auch Kritik. Es fehlt das Vieh, es fehlen Geräte, Traktoren und landwirtschaftliche Maschinen. Und doch ist das Land überall gut bebaut. Es werden viele Gespräche über das „Soll" ... geführt. „Die Hühner", sagt jemand, „müssen anbauen, wenn es so weitergeht." Aber es geht weiter. Die Hühner vermehren sich und anscheinend die Eier auch. Und mit skeptischem Behagen wird jenes Gerücht weitererzählt, nach dem Brot und Kartoffeln nach Aussage russischer Wirtschaftsoffiziere in der östlichen Zone markenfrei sein sollen. An einem Abend sitze ich neben einem alten Rektor und lese mit ihm das neue Schulgesetz durch. Volksschule, Aufbauschule, Universität, Auflösung der Gymnasien und Auswahl der Begabtesten. Der alte Rektor ist sehr begeistert. „Siehst du", sagt er, „das ist Revolution, das ist Fortschritt, das ist das, was wir immer gewollt haben."

Klartext wahrhaftig, die Ostzone ein Musterland mit kleinen Fehlern. In einem anderen Artikel des „Ruf" verlangt Alfred Andersch Arbeiter-Universitäten. Ausdrücklich hat Richter formuliert, was er unter politischem Handeln versteht: nicht Eroberung der Parteien, des Parlaments oder gar der Straße, sondern „der indirekte, langfristige Einfluß auf die allmähliche Veränderung in der Mentalität eines Volkes, das obrigkeitsstaatlich erzogen worden war“. Genau das ist ihm und der Gruppe 47 zusammen mit vielen anderen Kräften gelungen. Der Ende der sechziger Jahre beginnende „Lange Marsch durch die Institutionen“ war die zweite Phase einer subtilen Machtergreifung.

Es blieb nicht bei der indirekten Langzeitmethode: 1956 gründete der unermüdliche und zielstrebige Richter den Grünwalder Kreis, ein politisches Forum. Der Rundfunk gab das Geld in Form von Honorarvorschüssen. Es waren die Rundfunkjournalisten Erich Kuby und Thilo Koch dabei, der Verleger Desch (von dem erst später bekannt wurde, daß er seine Verlagsautoren um ihre Honorare betrog), der spätere Intendant des Südwestfunks, Helmut Hammerschmidt, und ein damals noch unbekannter, der SPD zugehöriger Jurist namens Hans Jochen Vogel. So wurde die Brücke zur Oppositionspartei gebaut; Vogel wurde bald Münchner Oberbürgermeister. Bei der Berliner Tagung des Grünwalder Kreises hielt Willy Brandt, damals Vorsitzender des Berliner Abgeordnetenhauses, die Eröffnungsrede, und wenig später wurde er Regierender Bürgermeister von Berlin. War es nur Ideenverwandtschaft, die sich im festen Bündnis und in der deutsch-tüchtig organisierten Wahlhilfe niederschlug? Zunächst nur literarisch, in dem ro-ro-ro-Taschenbuch „Die Alternative“, in dem Richter, Grass, Walser, Enzensberger die SPD mangels linkerer Alternativen mißmutig empfahlen, dann 1969 mit „Wahlkontor“ und Grass' Wahlfeldzug für die SPD. Brandt revanchierte sich mit seiner großen Rede auf dem Stuttgarter Kongreß des Schriftstellerverbandes von 1970. Es gab zwar Mißhelligkeiten, weil die alt-solide Arbeiter-SPD von Literaten nicht viel hielt; aber die neue SPD unter Brandt ahnte, was da in gehobenen Kreisen und bei jungen Akademikern an Stimmen und Einfluß zu gewinnen war.

Indessen dehnte sich die Gruppe 47 nach allen Seiten aus: Sie prämiierte einen Holländer, um niederländische Kontakte zu gewinnen; sie tagte im geistesverwandten Schweden; sie gewann Hans Mayer aus der DDR; Hans Mayer lud seinerseits Grass nach Leipzig ein. Das war nicht einfach zu managen, aber Mayer pries Grass an: Seine kritischen Vorbehalte gegenüber dem Osten würden „weidlich überboten durch den konstanten Haß gegen die politische und kulturelle Restauration der Bonner Regierung".

Die Einladung nach Princeton, an die feinste Universität des liberalen Ostküsten-Establishments, war ein Höhepunkt für die Gruppe 47. Anschließend schwärmten die Schriftsteller (achtzig waren über den Ozean geflogen) zu Lesungen an den verschiedenen US-Universitäten aus. Das Phänomen Gruppe 47 hatte den Durchbruch zu internationaler Geltung erzielt.

Dagegen mochte es wenig bedeuten, daß ein junger Rebell, Peter Handke, aus der österreichischen Provinz, den ehemals jungen, inzwischen saturierten Literatur-Honoratioren an den Kopf warf, sie seien impotent. Handke wurde nicht hinausgeworfen, sondern nach bewährter Methode durch Schulterklopfen vereinnahmt. Die Überraschung kam erst im darauffolgenden Jahr. Bei der Tagung in der Pulvermühle (wahrhaftig ein Name, wie er keinem Thomas Mann besser hätte einfallen können) gab es eine Explosion: Linke Studenten aus Erlangen störten nächtlich und

machten die Teilnehmer durch „Dichter!-Dichter!"-Rufe lächerlich. Die linke Tat hatte die linken Schreiber überholt. Die Gruppe 47 zerfiel — es war das berühmt-berüchtigte Jahr 1968.
Was den weiteren Zusammenhalt erschütterte und die jähe Auflösung bewirkte, war freilich nicht so sehr das Kriegsgeschrei der Erlanger Studenten als die inzwischen sich verschärfenden politischen Unstimmigkeiten. Jetzt, da sich etwas Revolutionsartiges am Horizont abzeichnete, tat sich die Frage auf, ob man voll einstieg oder lieber zögerte, abwartete, sich weiterhin in der Nähe der ebenfalls unsicher gewordenen SPD aufhielt. „Links", die gemütliche Allerweltshaltung, war plötzlich zu einer Sache der Entscheidung geworden.
Vorher war es in und außerhalb der Gruppe zu einer beliebten Klageformel geworden, man schreibe sich zwar die Finger wund, habe aber keinerlei politischen Einfluß. Mit dem Kapitel „Von der Ohnmacht unserer Literatur" (von Johannes Gaitanides) begann der Literatensammelband „Ich lebe in der Bundesrepublik". Machtlosigkeit ließ sich auch in Heimatlosigkeit umtaufen: Das Wort von der heimatlosen Linken machte die Runde. Keine Partei bot den Verächtern des Systems ein Obdach. Sie sahen sich gern zwischen allen Stühlen sitzen. Wie tüchtige Kaufleute, aber in der gebeugten Haltung melancholischer Poeten, klagten sie über die miserablen Zeitläufte.
Niemand hat diese Klagemethode besser durchleuchtet als Wolf Jobst Siedler, der damals Feuilletonchef des Berliner „Tagesspiegel" war:

> ... Menschen, die sich selber mit solcher Rührung gegenüberstehen, daß sie sich das ein wenig sentimentale Etikett „Heimatlose Linke" zugelegt haben.
> Das Wort soll heißen, daß sie sich verlassen in unserem Staat vorkommen, daß sie ein versprengtes Häuflein

nicht Dazugehöriger sind, daß sie sich als Außenseiter unserer Gesellschaft fühlen. Wenn man sie trifft, erzählen sie von den Verfolgungen, denen sie ausgesetzt sind, und von den Nöten des Geistes in der Wirtschaftswundergesellschaft ... Es ist ein jammernswertes Bild, das da entworfen wird. Fast könnte es vergessen machen, daß es sich bei den deutschen Linksintellektuellen um die einflußreichste und sozusagen marktbeherrschende Gruppe des deutschen Literatur- und Kulturbetriebes handelt.

Denn die „Heimatlose Linke" hat so ziemlich alle Positionen erobert, in denen Kunst heute verwaltet und dirigiert wird. Die Dramaturgien der deutschen Theater sind — Ausnahmen abgerechnet — von linksorientierten Intellektuellen besetzt. Die Feuilletonredaktionen der meisten wichtigen deutschen Zeitungen sind in der Hand von Publizisten, die mit Heinrich Mann mehr als mit Reinhold Schneider anfangen können. Die Lektorate fast aller bedeutenden Verlage werden von Lektoren verantwortet, deren Namen unter keinem der Schriftstellermanifeste der letzten Jahre fehlten. Die Abendstudios und Nachtprogramme der Rundfunkanstalten sind die pensionsberechtigten Stützpunkte der literarisch artikulierten Unbotmäßigkeit. Die sich da ihrer Schwachheit rühmen, sind die Mächtigen im Lande. Wenn ein junger Literat Karriere machen will, tut er gut, sich mit der deutschen Linken zu arrangieren ...

Wunderlich ist, daß sie sich noch immer als die Stiefkinder Deutschlands sehen. Erheiternd ist, wie sehr sie nach staatlicher Anerkennung und öffentlicher Belobigung hungern. Sie möchten den Staat reizen und dennoch von ihm gehätschelt werden; sie möchten Kritiker mit Bundesverdienstkreuz sein ...

In feierlichen Aufrufen, deren getragene Stimmlage sich dem Tonfall päpstlicher Enzykliken annähert, weisen Schriftsteller, Verlagslektoren und Funkredakteure darauf hin, daß Gruppen, Interessenvereinigungen und

Verbände verfassungswidrigerweise Einfluß auf die Kultur zu nehmen versuchen. Es ist ihrer Aufmerksamkeit entgangen, daß ein Gegeneinander der verschiedenen Interessengruppen, institutionalisierten Verbände und politischen Parteien geradezu das Wesen der pluralistischen Gesellschaft ausmacht. Sie möchten eine Sozietät, in der Bischöfe Enzensberger lesen und Ministerialdirigenten mit Arno Schmidt befreundet sind.

Dem weinerlichen Gerede von der im Wald alleingelassenen Linken war nur durch wachsende Politisierung, genauer: durch politische Aktivität zu begegnen. So war der Aufsatz zu verstehen, den Böll 1962 unter der Überschrift „Was heute links sein könnte" veröffentlicht hatte. Da wurde unverblümt dazu aufgerufen, eine neue, intellektuellengerechtere linke Partei zu begründen: „Mein Gott, wieso kann man eigentlich Parteien nicht spalten und sich eine Heimat schaffen, die einer wählen könnte, ohne daß er das windige Gefühl haben muß, einen lahmen Flügel zu wählen?" Die Partei, die Böll gern gespalten gesehen hätte, war die Godesberger SPD. Mit der Unentschlossenheit der Literaten tadelte Böll aber auch ihre Lebensführung: Was sich heute links deklariere, sitze am Biertisch oder stehe am Sektbüffet.
Man mußte der Linken, den Linken Mut machen, sie aus ihrer Abwartehaltung herausholen, den linken Opportunismus in progressives Engagement umwandeln. Das war der Tenor von Hans Magnus Enzensbergers Aufsatz „Gratisangst und Gratismut" von 1961:

Die Frage, ob ein Leitartikel oder ein Film von Mut zeugt, ist falsch gestellt. Sie zeigt ein gestörtes Verhältnis zur Kritik an, wie es allerdings in Deutschland herkömmlich ist. Nur in einer Diktatur ist Todesmut erforderlich, um etwas Richtiges zu sagen. Mit dem Gratismut verhält es sich wie mit der Gratisangst: Wer darunter leidet, hat noch nicht begriffen, daß wir in einem demokratischen Lande leben.

Zivilcourage gehört zum Metier. Bis heute garantiert die Rechtsprechung in Deutschland dem Publizisten die Freiheit seiner Meinung, gleichgültig, in welchem Medium er sich äußern will. Bis heute ist er auf keinen Auftrag der Schwerindustrie, der Bischofskonferenz oder der Gewerkschaften angewiesen. Bis heute hat sich kein bedeutendes publizistisches Talent in Westdeutschland kaltstellen oder totschweigen lassen, mag es den Mächtigen im Lande noch so unbequem gewesen sein. Bis heute ist keiner im Gefängnis gelandet; bis heute winkt keinem das Hungertuch als Lohn für unbotmäßige Reden. Wer sie hält oder publiziert, fliegt höchstens aus seiner Zeitung, kriegt ein paar anonyme Briefe ins Haus und muß von Zeit zu Zeit einmal umziehen. Das ist kein allzu hoher Preis für den Spaß, den sein Beruf ihm machen kann.

Enzensberger sah keinen Anlaß, über den Mut nachzudenken, der dazu gehörte, den medienmächtigen Linken *nicht* nach dem Mund zu reden. Ein Jahr später antwortete er in dem Aufsatz „Die Clique“ ironisch auf den Vorwurf des Kritikers Günter Blöcker, es handele sich bei der Gruppe 47 nicht um eine Gesinnungsgemeinschaft, sondern um eine prinzipienlose Cliquenbildung, um ein rein kommerziell gerichtetes demagogisches Managertum:

Über ein paar Whiskygläser, das kennt man doch, teilen diese dämonischen Literaturmanager den Büchermarkt unter sich auf und reißen mit geübtem Griff das geistige Leben an sich. Unbestechliche Kritiker wie Günter Blöcker und ich werden dabei rücksichtslos an die Wand gedrückt.

Blöcker hatte unrecht, als er, offenbar um nicht selbst in den Geruch einer politischen Parteinahme zu kommen, die Gruppe 47 als „rein kommerziell“ bezeichnete. Daß sie eine Gesinnungsgemeinschaft war wie ehedem die Freimaurerei, das machte ihren Einfluß und Erfolg aus. Als Rudolf Krämer-Badoni vor der Gruppe 47 einen in diesem Sinne nicht lupenreinen Text las, erntete er den Zwischenruf „Mit Klampfe und Krummstab"; das reichte aus, ihn zu erledigen.

Fast notwendigerweise ist der Dichter, der auf eigene Faust produziert, ein Hungerleider, ein armer Poet. Er braucht hohe Auflagen, um einigermaßen über die Runden zu kommen. Die Gruppe 47 beutete zum erstenmal in großem Stil die andere Möglichkeit aus: Der Schriftsteller wurde Teilhaber des Systems. Er schuf nicht mehr ein Werk, sondern bestritt Sendungen und Symposien, bediente mit Autorenlesungen Buchläden und Volkshochschulen, verfaßte Vor- und Nachworte, Einführungen und Waschzettel, lobte in Rezensionen Autoren, die ihn in Rezensionen gelobt hatten, und zahlte am Ende Umsatzsteuer wie andere Unternehmer auch.

Linke Gesinnung und kapitalistisches Kommerzstreben waren eine ideale Ehe eingegangen. Keetenheuves Traum ging – mindestens was die Wohnungen der Autoren anlangt – in Erfüllung. Günter Grass, sowohl als Dichter wie als Wahlredner in diesen Jahren oft auf „Geschäftsreise", kämpfte nicht nur für den Sozialismus, sondern auch für die Verbesserung des Hotelfrühstücks.

Zweites Intermezzo

Gott darf nicht mehr mitspielen

In Adenauers Republik war das Christentum nicht Staatsreligion, das Bekenntnis zum Abendland nicht obligatorisch. Es konnte opportun sein, sein Gebetbuch vorzuzeigen, trotzdem war die Republik von Anfang an pluralistisch. In der SPD *durfte* man zur Not Christ sein, die FDP setzte eine alte liberale, kaum den Kirchen zugeneigte Tendenz fort. Sehr früh wurde Gottfried Benns „Nihilismus“ schick: 1951 erhielt er als erster den Büchner-Preis. 1952 erschien seine Dichtung „Die Stimme hinter dem Vorhang“ mit der Bilanz:

> So geht alles durcheinander, Blut, Speichel, Tränen, Samen, wer will sagen, was das Richtige, was das Wichtige ist? Wir wogen nach allen vier Himmelsrichtungen, die Windrose ist viel zu klein ... Vor wem sollen wir noch knien? Der Alte hat uns auch im Stich gelassen, die Lage ist bitter.

Es war zwar nicht epochemachend, aber so symbolisch wie symptomatisch, daß bei der ersten Tagung der Gruppe 47 als erster von den damals 17 zusammengekommenen Literaten Wolfdietrich Schnurre sich auf den später berühmten Stuhl setzte und die Geschichte vom „Begräbnis Gottes“ vorlas. Auch der liebe Gott gehörte — immer noch, trotz Nietzsches Proklamation „Gott ist tot“ — zum Establishment, er war mitrestauriert worden. Zum „Kahlschlag“, zum großen Aufräumen, gehörte konsequenterweise seine Absetzung. Schnurre war gegen den lieben Gott. Unter dem Titel „Man sollte dagegen sein“ veröffentlichte er 1960 seine frühen Erzählungen, einschließlich des „Begräbnisses“. Zur Symbolik gehört auch, daß er 1967 beim

Abschiedstreffen der „Siebenundvierziger“ als letzter las: Er begrub die Gruppe.
Inzwischen war viel vorgefallen, die Suezkrise, der Aufstand in Ungarn, Göttinger Atomforscher hatten gegen die atomare Bewaffnung der Bundeswehr protestiert, die CDU hatte die absolute Mehrheit gewonnen, das Abendland — so fürchteten die Gegner — rücke ein Stück näher. 1957 erschien von dem rabiaten Antichristen Karlheinz Deschner der Sammelband „Was halten Sie vom Christentum?“ mit gemischten Antworten, unter denen die Arno Schmidts besonders auffiel: „Atheist?: Allerdings!“ Sie begann:

> Es ist wieder einmal hohe Zeit, dem Christentum zu bedeuten, was ein Unbefangener von ihm hält; heute, vor einem Rundhorizont von Synoden und Gottsuchern, Schattengestalten mit scholastisch gerunzelten Wolkenstirnen, unfehlbar, mißbilligend, bejahrt, seit kurzem auch wieder „Herr der Heerscharen“ . . .

„Herr der Heerscharen“ meinte die Wiederaufrüstung. Die Gegenoffensive schien dringend. Das Klima schlug um. Heinrich Böll, als unbekannter Kommunalbeamter, arbeitslos, 1951 von der Gruppe 47 entdeckt und seitdem der einfühlsamste und argwöhnischste Beobachter der bundesrepublikanischen Szenerie, hatte schon 1955 in den *Frankfurter Heften* die Meistersatire „Doktor Murkes gesammeltes Schweigen“ veröffentlicht — eine erste literarische Darstellung des Literaturbetriebs der Rundfunkanstalten, die seit dem Pakt mit der Gruppe 47 so etwas wie die Bundesversorgungsanstalt der deutschen Intelligenz geworden waren. Da tritt Herr Bur-Malottke auf, die Verkörperung der neuen literarischen Betriebsamkeit. „Er hatte zahlreiche Bücher essayistisch-philosophisch, religiös-kulturgeschichtlichen Inhalts geschrieben, er saß in der Redaktion von drei Zeitschriften und zwei Zeitungen, er war Cheflektor des größten Verlages." Bur-Malottke war „in der religiösen Begeisterung des Jahres 1945" konvertiert, nun aber hatte er sich plötzlich „angeklagt gefühlt, an der religiösen Überlagerung des Rundfunks mitschuldig zu sein". Man weiß, wie es weitergeht: Das Wort „Gott" wird aus seinen Vorträgen herausgeschnitten und durch „jenes höhere Wesen, das wir verehren" ersetzt. Die „Gott"-Schnipsel dienen dann später dazu, in einer Hörspielsendung, in der „ein bißchen viel Schweigen" stattfindet, die Lücken zu füllen. Dem Zynismus des Betriebs und dem Opportunismus der Literaten stellt Böll die Nostalgie des Doktor Murke entgegen, der das kitschige Herz-Jesu-Bildchen, das seine Mutter ihm geschickt hat, beim Hilfsregisseur in die Türfüllung klemmt.

Als „Doktor Murkes gesammeltes Schweigen" 1958 als Buch erschien, lag es ganz auf der Linie einer neuen, aggressiven oder ironischen Skepsis. 1959 kam Peter Rühmkorfs „Irdisches Vergnügen in g" heraus, mit seiner parodistischen Ersetzung von „Gott" durch g, „das physikalische Symbol der Fallbeschleunigung", „die letzte verläßliche Kraft". In einer Göttinger Studentenzeitung sorgte die „Missa profana" eines gewissen Reinhard Döhl für Skandal, in der die Verse standen: „ich habe deine Worte satt / und deine Lippen MARIA VIRGINE / schmecken mir längst nicht mehr / ich rülpse und gehe EX MARIA V." Auf hochpoetischem Niveau hatte Jean Genet im „Journal d'un voleur" Homosexualität, Diebstahl und Verrat zu einer neuen „Theologie" verschmolzen; 1961 war die deutsche Öffentlichkeit reif, mit einer gelehrten Einführung des Stuttgarter Philosophieprofessors Max Bense in Genets genau kalkulierte, gotteslästerliche Verruchtheiten eingeweiht zu werden.

1961 war auch das Erscheinungsjahr des ersten Großexperiments von Günter Grass, was sich die bundesdeutsche Öffentlichkeit in bezug auf Gott und Sex bieten lassen würde, der Erzählung „Katz und Maus“. Des „Helden“ Mahlke Marienverehrung war ebenso grotesk komisch wie sein Adamsapfel und seine Erlösermiene („Und hinter Kopf und Leidensmiene ein kreisrunder Heiligenschein: der Erlöser Mahlke war perfekt und verfehlte seine Wirkung nicht“). Der Erzähler, ein gewisser Pilenz, ist Sekretär beim Kolpinghaus, „kann von dem Zauber nicht lassen“, er liest „Bloy, die Gnostiker, Böll, Friedrich Heer und oft betroffen in des guten alten Augustinus Bekenntnissen“, diskutiert „bei zu schwarzem Tee nächtelang das Blut Christi, die Trinität und das Sakrament der Gnade mit Pater Alban, einem aufgeschlossenen, halbwegs gläubigen Franziskaner . . .“ Da wird die Abendlandzeit verspottet, Bölls katholisches Milieu; „aufgeschlossen“ und „halbwegs gläubig“ sind Stichworte einer vergangenen Mode. Mahlke liest Kierkegaard und Dostojewski, aber: „Natürlich glaube ich nicht an Gott. Der übliche Schwindel, das Volk zu verdummen.“ Auch der Kolpingsekretär hat seit Untertertia den Glauben verloren, Hochwürden Gusewski greift dem Knaben in die Hose, und das große Wett-Onanieren vor den neugierigen Augen der Tulla Pokriefke wird mit dem Sätzchen „es ging wirklich harmlos dabei zu“ kommentiert.
Die Welt, wie sie war, Religion als närrische Folklore, Kollektiv-Onanieren als „Spielchen“ wie Schulhofgerangel, das schuf Selbstverständlichkeiten, die der Literaturbetrieb anstandslos schluckte, wenn nicht mit Prämien bedachte, so daß Proteste ins Leere liefen, allenfalls als hinterwäldlerisches Gezeter achselzuckend zur Kenntnis genommen wurden. Friedrich

Sieburg, der einzige, der weise und witzig genug gewesen wäre, auf den groben Klotz des Günter Grass einen passenden Keil zu setzen, resignierte. Zu Rühmkorfs „Vergnügen in g“ hatte er noch Stellung genommen: „Er will uns herausfordern, aber das gelingt ihm nicht, denn aus Angst, in jenes ‚Restauratorium‘ zu gehören, von dem er so gerne singt und sagt, mucksen wir nicht. Er mag uns hänseln und schockieren, wie er will, wir nicken bejahend mit dem Kopf wie die Esel, für die er uns hält, und schlucken seinen Brei, als ob es die geläufigste Hausmannskost wäre.“ „Es muß ein trostloses Geschäft sein, sich mit der Erzeugung von Provokationen abzuplagen, zu denen alle Welt ja sagt“, fügte er hinzu. So trostlos war es nicht. Es führte zu einem neuen Normalzustand. Die Esel schluckten den Brei in dem Gefühl, auf der Höhe der Zeit zu sein.
Den Abschluß der Adenauerzeit und den Auftakt der neuen Epoche bildeten Bölls „Ansichten eines Clowns“, Hochhuths „Stellvertreter“ und Carl Amerys „Kapitulation“. Es war das Jahr 1963, Willy Brandt bildete als Regierender Bürgermeister nach einer katastrophalen Wahlniederlage der CDU die neue Berliner Regierung mit der FDP.
Hochhuths „Stellvertreter“ hatte eine genau bestimmbare Funktion: Er sollte den Anspruch der katholischen Kirche, Kämpferin gegen den Nationalsozialismus gewesen zu sein, aus den Angeln heben. Einzelne Märtyrer ja, aber im ganzen Versagen, war die neue These. Das streitbare Echo war enorm, der moralische Anspruch der Institution blieb angeschlagen, trotz allen Zurechtrückens und aller Einzelkorrekturen. Der Münchner Bibliotheksdirektor Christian Mayer, der sich in Carl Amery umbenannt hatte, ließ die früher betriebene „festlich heitere Katholizität“ hinter sich und blies zeitgeistbewußt mit der Schrift „Die Kapitu-

lation oder Deutscher Katholizismus heute“ in Hochhuths Horn. Heinrich Böll schrieb das Nachwort. 1974 wurde Amery bayerischer Landesvorsitzender des Verbandes deutscher Schriftsteller, 1976 Bundesvorsitzender des VS in der IG Druck und Papier.
Bölls „Ansichten eines Clowns“ räumten mit dem Ruf auf, er sei auf seine Weise ein „christlicher Dichter“. Der Katholizismus, politisch wohlorganisiert, war nun die Gegenwelt, auch und gerade, wo er sich modern gab. Der Held bekannte gleich auf der zweiten Seite:

> Meine Eltern, strenggläubige Protestanten, huldigten der Nachkriegsmode konfessioneller Versöhnlichkeit und schickten mich auf eine katholische Schule. Ich selbst bin nicht religiös, nicht einmal kirchlich.

Wohl bedient sich Bölls Hans Schnier — Pantomime von Beruf, nicht kirchensteuerpflichtig — liturgischer Texte und Melodien, aber nur aus therapeutischen Gründen: Sie helfen gegen Kopfschmerz und Melancholie. Das Motiv der Nostalgie, das sich in „Doktor Murkes gesammeltem Schweigen“ in Herz-Jesu-Bildchen verkörperte, findet nun seinen letzten Niederschlag in der Lauretanischen Litanei. Wieder — in seltsamer Übereinstimmung mit Günter Grass — ist der Marienkult in der Kahlschlaglandschaft stehengeblieben: „Als ich anfing zu singen, fühlte ich mich fast wohl: mater amabilis — mater admirabilis — das Ora pro nobis intonierte ich auf der Gitarre.“ Marie heißt denn auch die Geliebte, die der böse Berufskatholik Züpfner dem unglückseligen Clown stiehlt.
Auch bei Grass findet sich schon das Clownmotiv: Held Mahlke möchte Clown werden, wie Held Schnier es geworden ist. Der Clown ist der tragische Spaßmacher, der das Publikum unterhält, auch wenn’s ihm weh ums Herze ist. Er ist der Narr, der die Wahr-

heit sagt, die niemand ernst nimmt. Als Hofnarr einer bürgerlichen Gesellschaft hat sich Grass stilisiert, um die politische Wirkungslosigkeit seines Schreibens darzutun.

Als Opfer seiner unglücklichen Liebe zu Marie, aber auch als Opfer der katholisch-kapitalistischen Gesellschaft sitzt der Clown und Bettler Hans Schnier schließlich auf der Bonner Bahnhofstreppe. Zur Gitarre singt er nicht die Lauretanische Litanei, sonst könnte man — schrecklicher Gedanke! — die „Katholons" an ihm entdecken und ihn vors Fernsehen bringen, sondern selbstgebastelte Verse, zum Beispiel: „Der arme Papst Johannes, hört nicht die CDU, er ist nicht Müllers Esel, er will nicht Müllers Kuh."

Die gleiche Gesellschaft, die angeblich den armen Schnier ruiniert hatte, huldigte seinem Erfinder Heinrich Böll ununterbrochen. Böll erhielt: 1953 einen Erzählerpreis des Süddeutschen Rundfunks und den deutschen Kritikerpreis, 1954 den Preis der „Tribune de Paris", 1955 einen Förderpreis des Kulturkreises der deutschen Industrie(!), 1958 eine Ehrengabe der Bayerischen Akademie der Schönen Künste, 1959 den Eduard-von-Heydt-Preis der Stadt Wuppertal und den Großen Kulturpreis von Nordrhein-Westfalen, 1960 den Schweizer Charles-Veillon-Preis, 1961 den Kulturpreis der Stadt Köln — und eine Titelgeschichte im *Spiegel*. Der Nobelpreis 1972 war nur der krönende Abschluß seiner literarischen Karriere.

Böll selbst, gerade in seiner oppositionellen Rolle eine Glanzfigur der Adenauerzeit, mit Bestsellererfolgen seiner Bücher, mit Massenandrang bei seinen Lesungen, persönlich empfangen vom Kardinal Frings, war nicht nur die Inkarnation eines großen Erzählers, sondern auch der sympathische, anständige, aufrichtige Kerl — der „gute Mensch von Köln".

Dabei stimmte das Bild, das er von der Zeit zeichnete, mindestens seit dem Beginn der sechziger Jahre nicht mehr, wenn es denn je soviel katholische Dominanz und soviel Rundum-Frömmigkeit gegeben haben sollte. Niemand hat das besser gesehen als Rudolf Augstein in seinem Beitrag zur Geburtstagsschrift für Heinrich Böll 1968.

> Gemessen am Bundesdurchschnitt gibt es in Bölls Topographie zu viele Kirchen, Dome, Kathedralen, zu viele Kapläne, Dechanten, Nonnen, Bischöfe, abgefallene Priester, zu viele Beichtstühle, ewige Lämpchen, Altäre, Kruzifixe, Meß- und Gebetbücher, zu viele Lämmer, Engel, Lilien . . .

Man kann es auch umgekehrt ausdrücken: Bei Böll fallen die Protestanten aus, die SPD kommt höchstens gelegentlich vor, die FDP ist vergessen. Häufiger stößt man dagegen auf edle alte Kommunisten aus der Widerstandszeit. Mit anderen Worten: Böll hat seine in tausend Einzelzügen verlebendigte Romanwelt für seine politischen Zwecke tendenziös zurechtgeschnitten: Er braucht ein trotz aller formalen Demokratie eisern herrschendes Establishment, nämlich Kirchenmänner und Unternehmer, als Unterdrücker des gebeutelten und sich hoffnungslos zur Wehr setzenden, des liebenden und zürnenden kleinen Mannes nebst seiner blassen, lieben Freundin, die erst recht ein Opfer jener Ausbeuter wird.
Von den Katholiken steht nur noch der „arme Papst Johannes“ auf der richtigen Seite, auf der franziskanischen, oder — um es zeitgemäß auszudrücken — auf der linkskatholischen, die in dieser Weltstunde freilich keine Ordensgründung mehr plant, sondern nur noch eine Variante des Sozialismus darstellt. Daher Bölls Abneigung gegen die SPD, seine Behauptung, es gebe nur noch „rechte Flügel“, und später seine Beschützer-

rolle für alle Radikalen. Erklärlich daher auch die gewaltige Verbreitung seiner Bücher in der Sowjetunion, wo an Literatur von Staats wegen hohe oder kleine Auflagen zugeteilt werden. Sein tapferes und tatkräftiges Eintreten für Ostblock-Dissidenten wird dort als läßliche Sünde gebucht.

Die Adenauerzeit war bereits vorbei, als Böll ihren Mythos um so drohender aufbaute. Der Kirchenbesuch ging zurück, die Kirchenaustritte nahmen zu, und mit Erhards Kanzlerschaft trat der Aspekt des „Wir-sind-wieder-wer" peinlich und plastisch in den Vordergrund. Das C der Union verblaßte. Dafür brachen verschiedene Wellen über uns herein, harmlos weder die Freßwelle, mit der die Bäuche und fetten Nacken wiederkehrten, noch die Sexwelle, die uns von üblen Tabus zu befreien und sämtliche Casanovakünste zu lehren versprach und am Ende die Pornographie gesellschaftsfähig machte. Der Vielschreiber Oswalt Kolle stieg zum Lehrmeister der Nation für Ehegymnastik auf; das Problem der Oben-ohne-Freiheit erhitzte die Gemüter, in der Literatur und um die Literatur fanden jene bahnbrechenden Prozesse statt, in denen der Kunstwert der Memoiren des Freudenmädchens Fanny Hill oder des Homosexuellen Jan Cremer mit erhobenem professoralem Zeigefinger gegen immer noch hartnäckig christliche Banausen erhärtet wurde. Wie die Novelle „Katz und Maus" diente Ingmar Bergmans Film „Schweigen" 1962 als Probefall.

Nicht der Kanzler — der selbst wie das Wirtschaftswunder aussah, das er geschaffen oder entfesselt hatte — wußte, was er wollte, sondern die linke Intelligenz, die sich nun immer mehr mit der Intelligenz schlechthin oder wenigstens mit dem Zeitgeist identifizierte. Die Begriffe „emanzipatorisch" und „progressiv" wurden zu Kennmarken der Abkehr vom Adenauerstaat. Mit Georg Pichts Schrift „Die deutsche Bildungskatastrophe“ setzte 1964 die Kritik an Schule und Universität ein, die im Laufe von nur wenigen Jahren das alte System aus den Angeln hob und beide Institutionen bis zur Unkenntlichkeit reformierte.

Die Literatur war inzwischen so weit gediehen, daß Walter Jens, Rhetorikprofessor und Meister der advokatorischen Redekunst, sie 1961 im Zusammenhang darstellen konnte: „Deutsche Literatur der Gegenwart“. Jens, selbst Starkritiker bei den Tagungen der Gruppe 47, war der richtige Mann, den Glanz der Gruppe und der ihr Nahestehenden durch Vergleiche mit dem Athen des 5. Jahrhunderts und durch Weltraumperspektiven gewaltig zu erhöhen. Jens war der Mann der Stunde: Wenn er am Donnerstagabend über Probleme moderner deutscher Literatur sprach, war das Auditorium maximum der Universität Tübingen überfüllt.

Die kritische Stimme, die diesen Günstling des Zeitgeistes zu tadeln die Kühnheit fand, mußte den Platz dafür in der Schweiz suchen: In der *Tat* vom 21. Oktober 1961 erschien Hans Egon Holthusens Rezension, die befand, daß Jens' Buch unter dem Auge des kritischen Lesers wegbrenne „wie trockenes Bohnenstroh unterm Brennglas“. Was Holthusen mit besonderem Nachdruck herausstellte, war eine von Jens vertretene These, die schon bei der Gründung der Gruppe 47 so etwas wie die Triebfeder des Unternehmens gewesen war: Weder der Westen noch der Osten habe uns die wahre Freiheit gebracht, nur sei die Diktatur des Westens subtiler, müsse erst entlarvt werden. Holthusen nennt diese Parallelisierung der Systeme mit einem hübschen Ausdruck die Jacke-wie-Hose-These: Jens sieht auf der einen Seite Ulbricht und die Apparatschiks, auf der anderen, bei den Amerikanern und bei uns, „die makabre Verbindung von Bombe und Kreuz", auf der einen Seite die Embleme auf roten Standarten, auf der anderen ebensolche auf Fronleichnamsinsignien. Der „sozialistischen Laube" entspricht in Jens' Gleichungssystem die „christliche Idylle", dem Galgen im Osten die Klapper des Narren im Westen, (man ahnt etwas vom Ursprung der „Ansichten eines Clowns"!). „Wer sich entschlossen zur Wehr setzt und rebelliert, wird ermordet ... oder gelobt." Wie erfolgreich die Jacke-wie-Hose-Theorie sich weiterentwickelt hat, ist bekannt. Sie beherrscht heute das Denken vor allem der jüngeren Generation.

Die Welt drehte sich weiter, am 19. April 1970 starb Adenauer, einundneunzigjährig. Drei Jahre später folgte de Gaulle. In Adenauers Todesjahr erschien eine Anthologie mit dem umständlichen Titel „Außerdem — Deutsche Literatur minus Gruppe 47 = wieviel?" Viele der Autoren waren inzwischen noch ein bißchen weiter nach links gewandert als die Gruppe 47. In dieser Anthologie war ein Text von einem jungen Autor namens Otto Jägersberg zu lesen mit dem Titel „Die Beerdigung eines alten Rheinländers im Rheinland". Da stand:

> Plötzlich wurde Adenauer in seinem Sarg aus dem Südportal getragen. Da fuhr ein Auto ganz schnell an, nachdem man den Sarg aufgeladen hatte. Die Trauergäste liefen hinterher ... Adenauers Sarg warf man in den Rhein. Das ist so Sitte im Rheinland. Der Sarg würde ins offene Meer gespült, an Düsseldorf vorbei, Wesel, Xanten, durch Holland. Viele Menschen würden am Ufer mitlaufen und das bei diesen Anlässen übliche Lied singen: Steuermann, bei der Rheinschiffahrt kommt es ganz auf die Strömung an.

In der Tat, die Strömung trug die Bundesrepublik erstaunlich schnell abwärts. Nach der linken Meinung, der sich auch der Philosoph Karl Jaspers bedenkenschwer anschloß („Wohin treibt die Bundesrepublik?“, 1966), wegen der Großen Koalition, nach Ansicht unabhängiger Beobachter wegen des immer stärker werdenden linken Radikalismus.

Drittes Kapitel

Das Literaturverbot

Die Auseinandersetzung zwischen Literatur und Politik verschärfte sich. In der Wahlkampfatmosphäre von 1965 fiel Erhards Wort von dem „ganz kleinen Pinscher“, was die linken Literaten mit Wollust auf sich selbst bezogen, um daran ihr Feindbild aufzuheizen. Der Ausdruck verdient es, in seinen Kontext zurückversetzt zu werden, weil damit die Fronten deutlich werden. Der sprach, war nicht der Kanzler, sondern der Wirtschaftsprofessor, und was ihn maßlos ärgerte, war der Anspruch der Literaten, mit ihren Sozialisierungsideen auf diesem seinem Fachgebiet mitreden zu wollen. Der Ton, in dem sich der zornige alte Mann äußerte, war der des Katheders, sozusagen von oben herab zu den jungen Naseweisen: „Ich muß diese Dichter nennen, was sie sind: Banausen und Nichtskönner, die über Dinge urteilen, von denen sie einfach nichts verstehen.“ Und ganz speziell an Hochhuth gerichtet: „Ich habe keine Lust, mich mit Herrn Hochhuth über Wirtschafts- und Sozialpolitik zu unterhalten ... Nein, so haben wir nicht gewettet. Da hört der Dichter auf, da fängt der ganz kleine Pinscher an“ (*Die Zeit*, 30. 7. 1965).

Erhards Zorn war begreiflich. Er verstand die deutsche Schizophrenie nicht, wenn in der gleichen Zeitung ein „rechter“ Wirtschaftsteil mit einem „linken“ Feuilleton gekoppelt wurde; es wollte ihm nicht eingehen, daß die totale Enthaltsamkeit der Literaten von allen wirtschaftlichen Kenntnissen die beste Voraussetzung für politisches Urteil sein sollte und daß der Glaube an eine enteignete und gelenkte Wirtschaft, verbunden mit der schönsten Freiheit und der perfektesten Selbstverwirklichung des Individuums, in den Köpfen und Herzen der Literaten nicht erstarb. Erst Helmut Schelsky hat dieses Syndrom als notwendige Vorgabe, als Zukunfts-Jenseits einer neuen sinnstiftenden, sich selbst als nachchristlich verstehenden Priesterkaste gedeutet.

Die bitterböse Antwort auf Erhards Ausfall und auf seine Theorie von der „formierten Gesellschaft" gab Heinrich Böll 1966 in seiner dritten Wuppertaler Rede. Wieder muß man den aufreizenden Satz von den „verfaulenden Resten von Macht", die „mit rattenhafter Wut" verteidigt werden, in seinen Kontext stellen, um über die Politikerbeschimpfung hinaus den Sinn klarzustellen. War es bis dahin Literatenbrauch, die Ära Adenauer als verschleierte Diktatur anzuprangern, so zog Böll nun eine ganz neue Saite auf: „Ich erblicke den Staat im Augenblick nicht." Wozu diese jähe Wendung? Stichwort war Erhards „formierte Gesellschaft", der Böll nun triumphierend die tatsächliche Deformation des Staates entgegenstellte. Dieses Immer-nichtiger-, Immer-formloser-Werden sehe er mit Entsetzen, so fuhr er fort, weil zu befürchten sei, „daß da einer kommen wird, kommen soll, erwartet wird, der Ordnung schafft: ein politischer Messias, der klug genug sein wird, ihr (der Kunst) alle Freiheiten zu lassen ..."

Dieser Satz ist viel seltener zitiert worden, hat viel weniger Skandal gemacht als der Rattensatz, aber er ist ungleich wichtiger: Er kündigt an, was künftig als Befürchtung an die Wand zu malen ist — ein neuer, demokratisch getarnter Faschismus, ein Ordnungsstifter von rechts. (Was tatsächlich kam, war der Messias von links, Willy Brandt.) Für sämtliche Polizeistaatvisionen, die nun makaber ausgemalt wurden und der eher hyperkorrekten Bundesrepublik angeheftet werden sollten, war hier der Startschuß gegeben. Man konnte „faschistoid" sagen oder „präfaschistisch", darauf kam es nicht an. Unheil, Überwachung, Einengung, Unterdrückung, das würde als Drohung und Schrecken in der Luft liegen.

Die Rede Bölls — rhetorisch ein Meisterwerk, poetisch eine trunkene Vision — enthielt noch andere Prophezeiungen: Prometheus und Jesus wurden in einem Atemzug zitiert, Prometheus habe ja nicht das Feuer vom Himmel geholt, nur damit die Wurstbratereien ihr Geschäft machen könnten, sondern „auf daß die Erde brenne", und wenn das Tabubrechen in den Händen der Wurstbratereien „schicke und dolle Sache" geworden sei, an der die Bourgeoisie immer mehr Geld verdiene, dann müsse die Literatur „listig wie alle Vorausdenkenden ... selbst einen Weg suchen und finden, was frei, geordnet und untröstlich, was poetisch an der Liebe ist, möglicherweise auf dem Umweg über die Keuschheit, vor den zerklimperten Freiheiten zu retten".

Böll war in solchen Augenblicken ein Prediger; er besaß das nötige Talent, um die Allergie gegen die kapitalistische Sünde, das Zukunftsbild eines armen und reinen christlichen Kommunismus liebender Paare mit aller Literatenlist politisch nutzbar zu machen. Er wollte, wie Prometheus-Jesus, „daß die Erde brenne", und er fing — wenigstens literarisch — mit dem Verbrennen eines Dienstjeeps an: in der im gleichen Jahr 1966 erschienenen großen Erzählung „Ende einer Dienstfahrt". Bei Grass ging es dann, zwei Jahre später in „Örtlich betäubt", um die demonstrative Verbrennung eines Dackels.

Während Grass schon 1965 Wahlreden für die SPD hielt und seine Kollegen Siegfried Lenz, Hans Werner Richter, Max von der Grün, Paul Schallück für Wahleinsätze gewann, während im „Wahlkontor deutscher Schriftsteller“ Peter Härtling, Nicolas Born, F. C. Delius, Hubert Fichte, Günter Herburger arbeiteten, warnte Böll entschieden vor eben dieser Partei, die auf dem Wege sei, um einer großen Koalition willen ihre Prinzipien zu verraten.

Das stand in Bölls Aufsatz „Angst vor der Gruppe 47?“, der zum ersten Mal die Gruppensolidarität aufsprengte und damit den Prozeß einleitete, der sich mit der Selbstauflösung 1967 besiegelte. Der Hauptvorwurf lautete: mangelnde Solidarität gegenüber einem Mitglied der Gruppe 47. Der WDR hatte einem „Ur-Zugehörigen“, Wolfdietrich Schnurre, „wegen eines harmlosen Kommentars“ die Mitarbeit gekündigt, die Gruppe 47 hätte ihrerseits durch Aufkündigung ihrer Mitarbeit reagieren sollen, „aber nicht einmal dieses Minimum ist in der Gruppe ‚drin‘“.

Der SPD-Wahlkämpfer Grass schoß zurück: „Im Chor der Redner vermißte ich Stimmen. Wo sind sie geblieben, denen vor Jahren noch das politische Dauerengagement einigen Nachtprogrammflair verliehen hatte? Wo, Alfred Andersch, hat Ihre beredte Entrüstung die Milch der Reaktionäre gesäuert? Wo, Heinrich Böll, hat Ihr hoher moralischer Anspruch die bigotten Christen erbleichen lassen?“ Auch die Neue Linke Enzensbergers bekam ihr Fett ab: „Gottähnlich tänzelnd über den Abgasen unserer Gesellschaft, ordnen sie ihren Seminarmarxismus gleich Schäferwölkchen ... Eher gelänge ihrer Tinte ein hymnisch langes Heldenepos auf Fidel Castro und die Zuckerrohrinsel, als daß ihnen einfiele, mit einem schlichten Plädoyer für Willy Brandt der Lüge die Beine zu verkürzen.“

Während sich der Satz „Die Intelligenz steht links“ zum Dogma verfestigte, während sich das Panorama scheinbar einheitlich von Andersch bis Zwerenz neu formierte, entstand, gewissermaßen automatisch, innerhalb dieser Linken ein neues Rechts-Links-Schema, das von der SPD bis zum orthodoxen Kommunismus, vom Anarchismus bis zu den Varietäten der Neuen Linken reichte.

1962 hatte Sieburg geschrieben: „Der Intellektuelle kann sich zur Not über religiöse oder sittliche Verfehlungen lustig machen . . ., aber er wage es einmal, Bert Brecht abzulehnen, Wolfgang Borchert mittelmäßig zu finden, vier dicke Bände Tucholsky für ein wenig reichlich und Heinrich Böll für den Nobelpreis nicht qualifiziert zu erklären, und er wird sehen, welche Meute er sich auf den Hals zieht und wie unwiderruflich er sich deklassiert." So war's, die Solidarität würde bleiben, solange die Kritik von der alten Rechten kam (aber Sieburg starb 1964, Blöcker beschränkte sich aufs Literarische, Holthusen ging als Professor nach Amerika). Aber im Besitz der literarischen Macht zerstritt sich die Linke um so gründlicher, und die längst eingeübte messerscharfe Polemik schonte nun auch die linken Kollegen und Konkurrenten nicht.

Immerhin, 1969 war es geschafft, Wehners Kalkül mit der Großen Koalition hatte sich als richtig erwiesen: Die SPD siegte, Heinemann war Bundespräsident und hatte den Grund für eine sozial-liberale Koalition gelegt — eine neue Zeit begann. Brandt bekam 1971 den Friedensnobelpreis, Böll 1972 den Nobelpreis für Literatur. Böll wurde 1970 Präsident des deutschen, 1971 Präsident des internationalen PEN. Ein Bündnis hatte gesiegt.

1961 hatte Egon Bahr als erster Fühlung mit der Gruppe 47 aufgenommen, er war zu ihrer Fernsehtagung gereist, und es hatten sich bald enge Bindungen ergeben, bei denen vor allem Brandt und Grass sich partnerschaftlich und freundschaftlich verstanden, eine

Ostsee-Allianz zwischen Lübeck und Danzig sozusagen. Es war auch ein Bündnis zwischen zwei Schriftstellern: Willy Brandt war das Schrifstellerpseudonym des Herbert Ernst Karl Frahm aus Lübeck gewesen, als Korrespondent skandinavischer Zeitungen war Brandt nach Deutschland zurückgekehrt. Ein Journalist war sein wichtigster Helfer, Egon Bahr, und ein brillanter Schreiber war Klaus Harpprecht, der sich bald in der Villa Hammerschmidt installierte, um Brandts Reden zu verfassen. Der Sieg der Linken war auch ein Sieg der Literaten.

Zu dem neuen Establishment, das sich so gebildet hatte, muß als wesentliche Instanz auch die Literaturkritik gerechnet werden; sie entschied ja, was als wichtig herausgestellt, was als belanglos zu vergessen war; sie entwickelte Kriterien, stellte Maßstäbe auf, war zuständig für die Verkehrsregeln des Literaturbetriebs. Hier wurde aber zugleich auch am deutlichsten, wie sich die alte Mannschaft der Siebenundvierziger aufgefächert hatte. Alle waren sie kurz oder dauerhaft dabeigewesen: Jens, Enzensberger, Kaiser, Baumgart, Reich-Ranicki, und nun war Joachim Kaiser Herr des Feuilletons der *Süddeutschen Zeitung*, Baumgart konnte als Gatte einer Reederstochter feinsinnig-kritischer Amateur bleiben, Reich-Ranicki machte aus dem Feuilleton der *Zeit* einen Tummelplatz der freien Meinung, Enzensberger wurde mit dem *Kursbuch* der Sprecher der Neuen Linken; Jens schließlich stieg offiziell zum meistverlangten, zeitgemäß kritischen Festredner der Bundesrepublik auf und wurde als Momos der Fernsehmahner der *Zeit*. Diese Varietäten sollten dann freilich für die neue Generation, die Achtundsechziger, zur „bürgerlichen Großkritik“ verschmelzen.

In Rowohlts „Literaturmagazin 1“, das 1973 erschien, dekretierte der DDR-Autor Hartmut Lange: „Der Kritiker als Zirkulationsagent gewinnt an Macht, der Schriftsteller verliert jeden markttechnischen Einfluß; denn, ob sein Produkt den Konsumenten erreicht oder nicht, darüber entscheidet sein Zwischenhändler, der Zirkulationsagent ... Und da die Literaturkritik ausschließlich im aktuellen Angebot das ‚Phänomen Literatur' abtastet, entsteht jene fade, bewußtlose, sich ewig gleiche Tautologie, genannt: der Literaturbetrieb."

Was mit dem Jahr 1968 über die Bundesrepublik hereinbrach, verstand sich selbst am liebsten als Revolution, und zwar als eine nachgeholte, als ein Ersatz für versäumte Lektionen. Der bevorzugte Ort dafür waren die Universitäten, die Träger waren die sich im Lauf dieser Halb- oder Ersatzrevolution multiplizierenden Studenten. Daß die Revolution mitten im wachsenden Wohlstand stattfand, machte sie freilich de facto unmöglich: Es gab kein Massenpotential von Mitläufern, Militär mußte nicht aufmarschieren. Die Arbeiter rührten sich nicht, sie wußten, daß auch sie die Nutznießer des wirtschaftlichen Aufschwungs waren. Viele hatten im Krieg Rußland gesehen — und die DDR lag als Anschauungsobjekt vor der Tür. Die SPD ihrerseits war sich bewußt, daß sie den Sieg den seit Godesberg zugewachsenen modern gesinnten, bürgerlichen Wählern mitverdankte; sie bremste die Radikalen.

So kamen statt der Revolution die Reformen und statt des raschen Umsturzes der Institutionen der „lange Marsch" durch sie hindurch. Beides aber hat genügt, die Bundesrepublik völlig zu verändern. Dies sei mit wenigen Zahlen belegt: Die Zahl der Studenten betrug 1950/51 112 000, stieg 1970/71 auf das Dreifache, 1977/78 auf das fast Sechsfache. Nimmt man alle

Hochschulen einschließlich der Pädagogischen und der Fachhochschulen zusammen, so ist seit 1982 die Millionengrenze der Studenten überschritten. Die Zahl der Universitäten erhöhte sich von 33 auf 50, die der anderen Hochschulen von 152 auf 265. 1981/82 gab es allein 60 000 Studenten der Germanistik; hier hat sich seit 1953 die Zahl der Professoren verneunfacht, die des wissenschaftlichen Personals versiebzehnfacht. Die Zahl der Pädagogikprofessoren stieg von 26 auf 518, die der Didaktiker von 101 auf 4148. Modefächer wie Psychologie, Soziologie und Politologie blähten sich ähnlich auf. Was sich in Demonstrationen, Protestaktionen, Sit-ins, Teach-ins etc. nur ungenügend entladen konnte, fand seinen Weg schnell und überbordend aufs Papier. Der Neomarxismus, nicht aus innerem Bedürfnis oder gar aus wahrer Not geboren, sondern scholastisch fortgepflanzt, überschwemmte mit Handzetteln, Flugblättern, Broschüren, Büchern, Theaterstücken, Hörspielen, Features, Dossiers und Dokumentationen ein Publikum, das sich bald wie unter einer Lawine begraben fand. Gewalttätigkeiten halfen nach, waren aber nur peinliche Begleiterscheinungen einer gelehrten, bebrillten, bärtigen Revolutionskopie.

Ihre Seele war die wunderbare Personalvermehrung mit einer Unzahl neugeschaffener Stellen an den Universitäten und im gesamten Sozialbereich. Die bärtigen jungen Männer fanden im Staats-, Landes- und Kommunaldienst ihr Auskommen meist bei fortdauernder revolutionärer Gesinnung. Das Problem des sogenannten Radikalenerlasses, also des Ausschlusses von Extremisten aus dem öffentlichen Dienst, wurde gerade darum so bedrängend, weil die Revolutionäre gesinnungsgemäß kaum in die freien Berufe oder gar in die kapitalistische Wirtschaft drängten, sondern Lehrer,

Sozialhelfer, Schulpsychologen und ähnliches werden wollten, so daß das Scherzwort vom Revolutionär mit Pensionsberechtigung durchaus ins Schwarze traf.
Blickt man zurück, so wird man es nachträglich erstaunlich finden, wie lückenlos der Zeitgeist seine Bataillone formierte und mit welchem Eifer zum Beispiel Verleger, die sich doch bei vollzogener Revolution hätten enteignet finden müssen, in das neue blühende Geschäft mit linker Literatur einstiegen. Da sich vorher niemand so recht für Marxismus interessiert hatte, gab es da einen Nachholbedarf, der nun überreichlich befriedigt wurde. So finde ich im Katalog eines linken Antiquariats allein 731 Nummern zur kritischen Theorie der Frankfurter Schule und 440 Nummern zur „neueren Marxismus-Diskussion".
Zwischen 1968 und 1970 erschienen im Dienst dieser Welle etwa 200 Bände der 1963 begründeten „edition suhrkamp" mit Titeln wie „Die Dialektik der Moral und die Moral der Dialektik" oder „Aggression und Anpassung in der Industriegesellschaft". Es war auch Interessantes dabei: Bloch, Benjamin, Marcuse, Habermas, Martin Walsers „Heimatkunde", Tankred Dorsts „Toller". Aber die politische Tendenz überwucherte mit greller Aktualität und Agitation das Literarische gerade dort, wo sie sich dokumentarisch gab wie in Enzensbergers „Verhör von Havanna", in Peter Weiß' „Vietnam Diskurs" und erst recht in Günter Wallraffs „Unerwünschten Reportagen" und Erika Runges „Bottroper Protokollen". Wie schön wäre es gewesen, wenn dergleichen die Diskussion früher belebt hätte! Nun verschlossen die lawinenartig herabstürzenden Papiermassen den Dawiderredenden den Mund, und die Verleger überboten einander in der Eintönigkeit ihres linksgefärbten Sortiments. Das alles segelte unter den Flaggen „demokratisch", „kritisch", als „Diskurs"

und „Diskussion", aber es trat hämmernd auf, predigerhaft, mit theologischem Wahrheitsanspruch. Ausgetilgt war die demokratische Lust an der Vielfalt der Meinungen.
Eine merkwürdige Apodiktik setzte sich in Stil und Haltung durch. Als angesichts der Großen Koalition der Slogan umging „Bald werden wir wieder auswandern müssen" (natürlich packte niemand die Koffer), herrschte Grass seine Kollegen an: „Also Auswandernwollen und ähnliche Sentimentalitäten? Nein. Es wird hiergeblieben. Der Staat sind wir. Es wird auch nicht abgesplittert. Die Schmollwinkel bleiben leer . . ." Mochte das auch alte Kommandotöne parodieren, ein neuer Weisungston klang mit. Apodiktisch hatte Adorno in einem seiner berühmtesten Sätze festgestellt, nach Auschwitz könne kein Gedicht mehr geschrieben werden. Nun, 1968, wurde — am nachhaltigsten von Enzensberger als dem sprachmächtigsten Autor der Neuen Linken — der Tod der Literatur verkündet, in Fortsetzung jener Begräbniszeremonie für den lieben Gott, mit der die Gruppe 47 einst ihre Lesungen begonnen hatte.
Es war eine forsche Wort-Radikalität, die sich um so drakonischer gebärden konnte, als beim besten Willen der Literatur kein Kopf abzuschlagen war. „Heute", so Enzensberger im berühmten *Kursbuch 15*, „heute liegt die politische Harmlosigkeit aller literarischen, ja aller künstlerischen Erzeugnisse offen zu Tage . . . Für literarische Kunstwerke läßt sich eine wesentliche gesellschaftliche Funktion in unserer Lage nicht angeben." Peter Schneider formulierte, ebenfalls im *Kursbuch:* „. . . die Kunst, die den Massen ihr Elend nur zeigt, um sie daran zu gewöhnen, diese Kunst ist tot und muß zu Grabe getragen werden." Gleich mit ins Grab gestoßen wurde durch Walter Boehlich, der bis dahin selbst

als ein eher verbissener denn begnadeter Kritiker gewirkt hatte, auch die Literaturkritik:

> Die Kritik ist tot.
> Welche?
> Die bürgerliche, die herrschende.
> Sie ist gestorben an sich selbst, gestorben mit der bürgerlichen Welt, zu der sie gehört hat, gestorben mit der bürgerlichen Literatur, die sie schulterklopfend begleitet hat, gestorben mit der bürgerlichen Ästhetik, auf die sie ihre Regeln gegründet hat, gestorben mit dem bürgerlichen Gott, der ihr seinen Segen gegeben hat.

Gott gehörte wie gesagt dazu. In ähnlichen napoleonischen Lapidarsätzen machte Boehlich nach der Kritik auch die Kritiker nieder, ohne Namen zu nennen, aber mit einer Vokabel, die bald so in Umlauf kam wie vordem die von Musil geprägte vom Großschriftsteller: „Es gibt keine ‚großen' Kritiker mehr. Es gibt höchstens Großkritiker."

Man wird solche Tiraden nicht zu ernst nehmen: Enzensberger hätte Kultusminister, Boehlich Präsident des proletarischen Schriftstellerverbandes werden müssen, um dem rhetorischen Todesurteil Maßnahmen zur Unterdrückung der Literatur alten Stiles folgen zu lassen. Beiden blieb solche Karriere erspart. So war der markige Ton Selbstzweck, hatte aber zur Folge, daß sich das Denken verbog und sonderbare neue Theorien gebar wie die ebenfalls im *Kursbuch* niedergelegte von Karl Markus Michel, dem späteren Herausgeber dieser Zeitschrift. Da hieß es von der Literatur: „. . . sie fesselte und befriedigte intellektuelle Interessen, als wären es unmittelbar gesellschaftliche und politische, und hat dadurch den Blick auf die letzteren verstellt, hat die Unzufriedenheit und Unruhe, die sie nährte, zugleich in einen Käfig gesperrt, wo Scheinkämpfe und Scheinsiege errungen wurden, während nebenher die

Geschäfte ihren Lauf nahmen ..." Genau jene kritische Literatur, wie sie die Siebenundvierziger praktiziert hatten, wurde hier als unzulänglich, als Ablenkungsmanöver angeprangert.
Es brach eine Art Wettlauf der Radikalität aus, bei dem erst Enzensberger mit seinem *Kursbuch* und dem Kraftsatz: „Das politische System der Bundesrepublik ist jenseits aller Reparatur" in Führung ging, bis ihn Walser mit seinem Eintritt in die DKP und seinem Roman „Die Gallistl'sche Krankheit" überholte. Walter Jens prägte die neuen Formeln und brachte das Epitheton „jakobinisch" in Mode, offenbar damit rechnend, daß niemand mehr genau wußte, wie viele Köpfe die Jakobiner hatten rollen lassen, bevor ihre eigenen fielen. Die ganze Inszenierung hatte einerseits den Vorteil, daß sie Revolutionstheater blieb, mit schicker phrygischer Mütze als Kostüm, andererseits den Nachteil, daß sie sich in ihrem eigenen Bereich, an den Universitäten und in dem, was man „geistiges Leben" nennt, um so dauerhafter und unnachgiebiger etablierte. Eine neue Zensurbehörde, die sich vorzüglich auf den Trick verstand, jede Widerrede der Gegenseite als Zensur zu brandmarken.
Keine Barrikaden also, höchstens, wie Enzensberger selbstironisch vermerkte, „Revolutionstourismus". Er selbst vollzog den Seitensprung aus den opulenten USA ins revolutionäre Kuba mit anschließendem Lernprozeß. Er war der erste, der wieder absprang. Schon 1970 entstand das selbstkritische Gedicht „Über die Schwierigkeiten der Umerziehung", in dem erst die großen Utopien aufgezählt werden, alle „durchaus einleuchtend", und wo es dann weiter heißt:

Wenn nur die Leute nicht wären!
Immer und überall stören die Leute.
Alles bringen sie durcheinander.

Wenn es um die Befreiung der Menschheit geht,
laufen sie zum Friseur.
Statt begeistert hinter der Vorhut herzutrippeln,
sagen sie: jetzt wäre ein Bier gut.
Statt um die gerechte Sache
kämpfen sie mit Krampfadern und mit Masern.
Im entscheidenden Augenblick
suchen sie einen Briefkasten oder ein Bett.
Kurz bevor das Millennium anbricht,
kochen sie Windeln.
An den Leuten scheitert eben alles . . .

Die Literatin und Terroristin Ulrike Meinhof fand keine Gelegenheit, nach Kuba zu reisen und sich dort eines Besseren belehren zu lassen. Wichtig ist, wenn man die inzwischen zusammen mit dem Terrorismus eingeschlafene Frage nach der „geistigen Urheberschaft" wieder aufgreift, daß Frau Meinhof selbst zum Milieu des Literaturbetriebs gehörte: Sie war Chefredakteurin jener linken Postille *Konkret*, die nach der Beichte des Herausgebers, ihres zeitweiligen Ehemannes Klaus Rainer Röhl, von der DDR mitfinanziert wurde; sie hatte ihre Erfahrungen mit Fürsorgezöglingen für den Wagenbach-Verlag zu dem Rotbuch „Bambule" verarbeitet. Wäre sie nicht als Terroristin „ausgestiegen", so wäre „Bambule" als Fernsehfilm vom Südwestfunk gedreht und über deutsche Sender ausgestrahlt worden. Natürlich war auch „Bambule" ein „aktionistisches" Stück, auf Revolte programmiert.
Hinzu kam, daß sie durch Röhl auch zur Hamburger linken Schickeria gehörte, also zu einem Modephänomen, das in den zwanziger Jahren durchaus zutreffend als „Salon-Bolschewismus" bezeichnet worden war. Man trug Revolution, und die Literatur gab den Ton an, verkörpert diesmal, in internationaler Verbrüderung, durch den italienischen Großverleger Feltrinelli.

Wenigstens im Fall der Ulrike Meinhof erübrigt sich also die Zweiteilung zwischen geistigen Urhebern und revolutionären Tätern. Im Gegenteil: Die Literatin, eine resolute Person, eine „Idealistin", war des intellektuellen Salbaderns überdrüssig, sie praktizierte jenen Aktionismus, den Enzensberger, Boehlich und Mitstreiter mit ihrem Literaturverbot aufs Programm gesetzt hatten — sie *schoß*!
Ulrike Meinhof verwirklichte sich selbst als eine neue Jeanne d'Arc, nur daß Jeanne ein Bauernmädchen gewesen war, dem es leicht war, mit „Volk", mit den Soldaten zu sprechen und sie zu begeistern, während Frau Meinhof eine Intellektuelle blieb, welche die Methode ihrer Kriegsführung im Buch nachschlagen mußte. Ihre wirkliche Tragik liegt darin, daß sie niemals das Volk fand, das zu befreien sie ausgezogen war. Don Quijote, auch ein Opfer der Literatur, war ihr Modell, wie das des Verlegers Feltrinelli, der den Tod fand, als er beim Do-it-yourself-Verfahren eine Sprengladung an einem Hochspannungsmast anbringen wollte — ein makabrer Literatur-Betriebs-Unfall. Literatur war das Feuerchen gewesen, in dem Bölls Dienstjeep aufloderte, Aktion hingegen war jener Kaufhausbrand, mit dem die Baader-Meinhof-Bande als „Rote Armee Fraktion" ihre sinistre Karriere begann. Schlechte Literatur war schließlich jener *Spiegel*-Artikel „Freies Geleit für Ulrike Meinhof", in dem Böll noch einmal seiner Obsession freien Lauf ließ:

> Die Bundesrepublik ein gnadenloses Land, die Polizisten schießwütig, Ulrike und ihre Freunde verzweifelte Theoretiker, inzwischen Verfolgte und Denunzierte, die sich in die Enge begeben haben, in die Enge getrieben worden sind und deren Theorien weitaus gewalttätiger klingen, als ihre Praxis ist.

Das Wort von der geistigen Urheberschaft ist sinnlos, wenn es eine Ursache-Folge-Verbindung herstellen soll. Ulrike Meinhof, 1934 geboren, wuchs in dem geistigen Klima auf, das die Gruppe 47 miterzeugt hatte: Sozialismus als Leitfaden, das „System" der Bundesrepublik als Feind. Jürgen Seifert, der Schwiegersohn von Alexander Mitscherlich, hielt am 25. Januar 1972 an der Technischen Universität Hannover eine Rede, in der er versicherte:

> ... daß die politischen Motive einer Ulrike Meinhof der Praxis derjenigen hundertmal mehr vorzuziehen sind, die durch die Art der gegenwärtigen Verfolgung dazu beitragen, daß in diesem Lande erneut Gestapomethoden für legitim gehalten werden können. Nicht die Rote Armee Fraktion hat an den Fundamenten des Staatswesens Bundesrepublik gerüttelt, sondern eine Praxis der Strafverfolgung, die im Kampf gegen die Gruppe Baader-Meinhof die rechtsstaatliche Ordnung Stück für Stück ausgehöhlt hat.

Es waren die Verquickungen des Milieus, die zu solchen absurden Verzerrungen der Wirklichkeit führten. Den Flüchtigen hatten ein Pfarrer, ein Professor, ein Funkredakteuer und eine Schriftstellerin Unterschlupf geboten.

Um ein authentisches Bild der Wirklichkeit dagegenzustellen, empfiehlt es sich nachzulesen, was der Soziologe Helmut Schelsky über seine eigenen Erfahrungen berichtet:

> Ich lebe seit 4 bis 5 Jahren mit meiner Familie unter der Belastung anonymer Telefonanrufe und Beschimpfungen meist spätabends oder nachts; von mir werden mit gefälschten Unterschriften Briefe ins Land geschickt, die der Situation nach nur von wissenschaftlichen Mitarbeitern in der Universität stammen können; die Texte der Fakten-Verleumdungen in allen möglichen Zeitun-

> gen, universitären Veröffentlichungen und Flugblättern zähle ich gar nicht mehr; ich bin mit meinen Kollegen von studentischen Psychoterroristen über drei Stunden eingesperrt worden und habe mir Beschimpfungen nicht nur meiner Person, sondern unserer Frauen im übelsten pornographischen Jargon anhören müssen. Strafanträge sind wegen Geringfügigkeit oder Amnestie eingestellt worden; Teilnehmer dieser „Aktion" sind heute Richter, Studienräte, Pfarrer, angehende Hochschullehrer etc.

Wer allerdings meinen sollte, der Streit über die Bewohnbarkeit der Bundesrepublik und über den in ihr herrschenden latenten Faschismus sei heute endgültig ausgestanden, wird schnell eines Besseren belehrt. Bei den „Römergesprächen" 1984 hat Oskar Negt, linker Theoretiker, den beklagenswerten Zustand unseres Landes mit dem Satz markiert: „Lebte Heinrich Heine heute, so würde er nur darum nicht emigrieren, weil Leute wie Böll und Jens es in diesem Lande noch aushalten."

Drittes Intermezzo

Eine Machtergreifung

Was in den Jahren nach 1968 geschah, läßt sich am besten als partielle Machtergreifung umschreiben. Sie vollzog sich in den Kirchen und in den Universitäten, in Zeitungsredaktionen und Verlagshäusern, in Lehrerkollegien und Elternversammlungen, oft gerade da, wo besondere Liberalität oder Toleranz zur Kooperation einlud. Flagrante Exempel sind zum Beispiel die Verdrängung des linken Verlegers Wagenbach aus seinem eigenen Verlag oder die Entmachtung des vielbewunderten liberalen Pädagogen Hartmut von Hentig durch eine kommunistische Lehrerkampfgruppe an der Laborschule Bielefeld.

Lauter Episoden jenes Frisch'schen Parabelstücks „Biedermann und die Brandstifter", das 1958 im Züricher Schauspielhaus uraufgeführt worden war und das wegen seines Entlarvungscharakters bald in der Versenkung verschwand, auch vom eigenen Autor nicht mehr so recht gewürdigt. Meist waren es Episoden ohne großen Nachrichtenwert, Stürme im Wasserglas — Romane nur, wenn man sie in ihre Einzelheiten zerlegt hätte, Geschichten, die einander wie ein Ei dem anderen ähneln in dem Bemühen der Machtergreifer, ihr Tun als legal, demokratisch, edel und dem Volkswohl dienend erscheinen zu lassen, während in Wahrheit oft Neid und Intrige, Drohung und Gewalt das Geschäft besorgten.

Im Bereich der Literatur ist das Verfahren besonders an der Geschichte des VS, des Verbandes deutscher Schriftsteller, zu studieren, der 1969 die unpolitische „Bundesvereinigung deutscher Schriftstellerverbände", einen matten Dachverband, ablöste, um endlich energisch-reformerisch den Nöten der Schriftsteller abzuhelfen. Der im Auftrag des Parlaments hergestellte Autorenreport ermittelte in der Bundesrepublik 7200 Schriftsteller, von denen fast die Hälfte weniger verdiente als das bundesrepublikanische Durchschnittseinkommen. Von 1700 befragten Autoren gaben 40 Prozent an, sie seien hauptberuflich Schriftsteller; nur ein kleiner Teil konnte von seinen Buchhonoraren leben. Die Frage aber, wie gut, tüchtig oder handwerksmäßig ordentlich diese Schriftstellerdivision eigentlich arbeitete, wurde nie gestellt. In einer freien Wirtschaft muß sich ein Autor genauso durchsetzen wie ein Rechtsanwalt oder Arzt, wie ein Schauspieler oder ein Sportler: Bei Erfolg wird er zum Star, bei Mißerfolg zum Hungerleider.

Als der Verband 1969 und 1970 auf den ersten Bundeskongressen in Köln und Stuttgart auftrat, führten die literarischen Stars — Böll, Grass, Walser — das große Wort. Beschworen wurde die „Einigkeit der Einzelgänger" und angekündigt „das Ende der Bescheidenheit". Links, in der SPD-nahen Variante, stand der Verband von Anfang an. Das schwedische Modell mit seinen Schriftstellergehältern überzeugte viele der sich abplagenden Autoren. Tatsächlich hat der Verband in dieser ersten Phase unter dem sachlich-sympathischen, unermüdlich Lobbyarbeit verrichtenden Vorsitzenden Dieter Lattmann mancherlei erreicht: Die Schulbuchverleger durften Texte nicht mehr unentgeltlich nachdrucken; der Bibliotheksgroschen wurde eingeführt, die „Verwertungsgesellschaft Wort" gegründet. Es halfen alle mit, der Börsenverein des deutschen Buchhandels wie die Unionsparteien.

Dann kam, von einer kleinen Gruppe inständig betrieben und mit List und Zähigkeit durchgesetzt, ein ganz neuer Schritt, der keineswegs mehr den Berufsinteressen der Autoren diente, sondern ihre politische Verwertbarkeit bezweckte: Der Eintritt des Schriftstellerverbandes in die Gewerkschaft Druck und Papier. Das war eine Klassenentscheidung und sollte eine Klassenkampfentscheidung werden. Schriftsteller, bis dahin selbständige Kleinunternehmer mit Schreibmaschine und bestenfalls Kopiergerät, sollten in eine Tarifpartei verwandelt werden, mit den mächtigen Setzern und Druckern im Rücken. Sie sollten in den Stand gesetzt werden, Berufsforderungen mit Hilfe dieser neuen tarifpolitischen Mutter einzubringen und durchzukämpfen.

Wie so oft bei den Reformen nach 1968 standen am Anfang flammende Reden und der große Plan einer Mediengewerkschaft, mit der guten Absicht, die Umsatzsteuer für Wortproduzenten abzuschaffen. Für die Autoren selbst kam schlechterdings nichts dabei heraus. Lattmann, ein organisatorisches Talent mit politischem Ehrgeiz, wurde Bundestagsabgeordneter des linken Flügels der SPD; etwa 500 Mitglieder der ehemaligen Bundesvereinigung deutscher Schriftsteller von den über zweitausend machten den Schwenk zur Gewerkschaft nicht mit. Sie waren aber ihrerseits auch nicht willens oder fähig, einen eigenen Verband zu gründen. Der Einzelgängercharakter des Schriftstellerberufs bestätigte sich erneut, die Freiheitliebenden blieben jeder für sich, bis auf eine Gruppe, die den ebenso nutzlosen Gegenverband „Freier deutscher Autoren“ gründete, mit so aparten Vorstandsmitgliedern wie dem Prinzen Löwenstein und Louis Trenker. Niemand hat je gefragt, welche Autoren damals aus- bzw. nicht eingetreten sind, Namen sind tabu. Günter Grass, der letzte große Einzelgänger bei den Schriftstellerkongressen, sagte 1976 in Stuttgart:

> Wenn wir nicht mehr in der Lage sind, die wichtigen Veränderungen in der Literatur hier zur Sprache zu bringen, dann sind wir nur noch eine Lobby mehr und kein Schriftstellerverband. Was wir einst kritisierten, Verbandsdeutsch, Verballhornung der Sprache, ist jetzt bei uns selbst eingetreten. Es gelingt, unsereinem den Spaß an der Mitarbeit zu verderben.

Was schwerer wog: Lobbys sind wenigstens durch gemeinsame Interessen verbunden, der Schriftstellerverband aber zerfiel – kaum war er unter dem Gewerkschaftsdach vereint – in sich befehdende Gruppen, wobei sich die Regionalverbände Hessen, Bayern und Berlin Schlachten lieferten, als ginge es um den Kampf um die deutsche Einheit von 1866. Im linken Glaubensbekenntnis geeint, verfeindeten sich doch die Konfessionen: Grass stützte in Stuttgart den bayerischen Kandidaten Carl Amery gegen die Berlinerin Ingeborg Drewitz; Frau Drewitz bezichtigte Grass der Drohung, der Lüge und der Wahlmanipulation. Den Kommentar lieferte viel später, nämlich 1984, der Dichter Hermann Lenz, als er die Formel prägte: „Literatur ist nicht gleich Druck und Papier", Nein, tatsächlich nicht.
Carl Amery, ein heiterer Hans-Dampf-in-allen-Gassen, war nur ein Zwischenpräsident. 1977 brachten die Bayern, der stärkste Regionalverband, ihren stärksten Mann als Vorsitzenden durch: Bernt Engelmann. Eigentlich Reporter (für *Spiegel* und das Fernsehmagazin *Panorama)*, hat der fleißige politische Kämpfer Engelmann seit 1962 (Bestsellertitel „Meine Freunde die Millionäre") kaum ein Jahr vergehen lassen, in dem er nicht der Kapitalistenklasse („O wie oben", „Die vergoldeten Bräute", „Großes Bundesverdienstkreuz") die Maske vom Gesicht gerissen oder dem deutschen Volk seine wahre Vergangenheit und Gegenwart

(„Wir Untertanen“, „Das Reich zerfiel, die Reichen blieben“) enthüllt hätte. Man wird sich hüten, Engelmann einen Kommunisten zu nennen; nur deckt sich das von ihm dargebotene Geschichts- und Deutschlandbild zufällig und um so verblüffender mit dem in der DDR vorgeschriebenen. Daß Engelmann selbst eher kapitalistische Allüren habe und seine Freunde die Millionäre längst eingeholt hat, wird behauptet; sicher ist, daß er seinen Wohnsitz im feinsten Oberbayern, in Rottach-Egern am Tegernsee hat.
Die letzten Geschichten vom Tegernsee fallen in die achtziger Jahre und betreffen das neue große Thema, das sich der VS vorgenommen hat: den Frieden. Die Ereignisse sind noch in frischer Erinnerung: Es kam zu westdeutsch-ostdeutschen Friedensgesprächen in Ost- und West-Berlin, in Den Haag und Köln und zu einer literarischen Antiraketendemonstration in Muttlangen, bei der die Polizei Böll und Grass demonstrativ *nicht* verhaftete. Es kam zu ebenso demonstrativen Schriftstelleraustritten aus dem VS, was den Verband an den Rand der Spaltung brachte.
Aus dem VS traten vor allem Schriftsteller aus, die aus der DDR gekommen waren, weil sie es nicht ertrugen, daß sich da über ihre und über die Köpfe der Mitglieder des Verbandes hinweg Fäden zwischen den Funktionären West und den Funktionären Ost spannen, eben jenen, denen sie sich nicht noch einmal beugen wollten. Der eigentliche Partner Engelmanns auf der östlichen Seite war Stephan Hermlin, jener „schöne Stephan“, der schon 1955 an dem Berliner Treffen der Gruppe 47 teilgenommen hatte und seitdem listig den eigenen Ruf aufrechterhält, er sei eigentlich keiner von den Schlimmen, sondern ein liberaler Vertreter eines weniger liberalen Staatsunternehmens, ein kritischer Geist wie seine raketenfeindlichen west-

lichen Kollegen. So wurde Hermlin Mitglied der (West-) Berliner Akademie der Schönen Künste, ein gern gesehener und bald einflußreicher Gast aus dem Osten, ein Meister im Billardspiel des Literaturbetriebs.
Immerhin griff die Empörung der DDR-Autoren auch auf gestandene Mitglieder des VS über. Fünfzig namhafte Schriftsteller, Grass an ihrer Spitze, unterzeichneten eine Resolution, in der Engelmanns Rücktritt gefordert wurde. Es war, als ob Goethe indigniert mit neunundvierzig Kollegen den Rücktritt des Räuberromanverfassers Vulpius von der Schriftstellerspitze gefordert hätte. Engelmann, am Ende einer langen Reihe von Fauxpas, die manche seiner Kollegen als Unverschämtheiten kritisierten, schien am Ende seines Lateins. Der ganze Vorstand trat zurück.
Aber siehe da, als sich im April 1984 die Delegierten zur Neuwahl in Saarbrücken versammelten, trat zwar nicht Engelmann selbst, aber ein bayerischer Freund und Kollege, dessen literarischer Name bisher im Dunkel geblieben war, Hans-Peter Bleuel, als Kandidat gegen die Favoritin Ingeborg Drewitz an und siegte im zweiten Wahlgang mit 19 zu 18 Stimmen bei elf Enthaltungen. Die hessische Delegierte des VS, von ihrem Verband auf Frau Drewitz eingeschworen, fiel um; so errang die Engelmann-Fraktion, was in den Zeitungen als Pyrrhussieg bezeichnet wurde, was aber angesichts der allgemeinen Unzufriedenheit mit dem VS-Vorsitzenden Engelmann als nachträgliche Rechtfertigung seiner Manöver erscheinen muß. Mögen dem Verband allmählich auch die Schriftsteller absterben, er ist fest in der Hand der äußersten Linken, der „Betonfraktion".
Fragt man sich aber, was das alles mit der Gewerkschaft IG Druck und Papier zu tun habe, unter deren Dach die Schriftsteller untergebracht sind, so muß man als Antwort darauf die Interviews lesen, die der

Herausgeber der kommunistischen Zeitschrift *Kürbiskern (Literatur, Kritik, Klassenkampf)*, Friedrich Hitzer, mit Engelmann und dem Gewerkschaftsvorsitzenden Ferlemann aus Anlaß der Bundesdelegiertenkonferenz des VS in Saarbrücken 1984 geführt hat. Dort sagt Engelmann über Grass: „Aber den Gefallen, ihn auszuschließen, wird man ihm nicht erweisen. So steht zu vermuten, daß Grass austreten wird, wenn nicht das getan wird, was er verlangt . . .: die Wahl eines neuen Vorsitzenden, wie ihn Grass sich vorstellt, den er nur ab und zu mal anruft, damit er ihm sagen kann, wie er das machen soll.“

Das ist die Sprache der Macht. Nein, Grass ist zwar kein Goethe, aber gewiß ist, daß er mit Böll zusammen zu den auch international bekanntesten Autoren deutscher Sprache zählt. Engelmann aber maßt sich an, ihn vor die Tür zu setzen. Mag er doch, so Engelmann, einen neuen Verband gründen: „Auf die Dauer wird dieser Verband genauso untergehen wie der Freie Deutsche Autorenverband, denn keine Schriftstellergewerkschaft (!) kann es sich leisten, außerhalb des DGB, außerhalb der Mediengewerkschaft zu stehen.“

Es ist eben jene Gewerkschaft IG Druck und Papier innerhalb des DGB, die sich nicht zu Unrecht nach dem großen Streik um die 35-Stunden-Woche den neuen Beinamen „Druck und Zensur“ zuzog. Druck und Zensur war schon bei dem Streik von 1978 die geübte Praxis. Damals hatte eine Mehrheit des PEN in schriftlicher Abstimmung einen Schriftstellerprotest gegen die Druckerwillkür der Verleger gefordert, aber das Präsidium hatte, ängstlich oder komplizenhaft, den Protest in eine wachsweiche Meldung umformuliert. Nach den Streikerfahrungen von 1984 nannte Hans-Christoph Buch, der neugewählte Berliner Landesvorsitzende, Engelmann einen „verhinderten Zensor, ei-

nen verkappten Literaturpolizisten, der ihm nicht genehme Kritik am liebsten wegadministrieren möchte".
Als Buch mit den Berliner Genossen unter Protest auszog, hinterließ er das Wort vom „Nicht-Schriftstellerverband". Die Spitze des Verbandes besteht nun aus dem Schriftsteller Bleuel, von dem *ein* Buch im Buchhandel zu haben ist, und aus dem Medienmann Gert von Paczensky, Chefredakteur von Radio Bremen, aus älteren Zeiten (unrühmlich) bekannt als Moderator von *Panorama*, in den sechziger Jahren Mitarbeiter Engelmanns bei der Zeitschrift „deutsches panorama" und neuerdings auf den Feinschmeckerbuchmarkt übergeschwenkt („Feinschmeckers Beschwerdebuch"). Bleuels Nachfolgerin an der Spitze des bayerischen Landesverbandes wurde die Sachbuchautorin Lore Schulze-Wildt, Verfasserin von „Das neue Baby-Buch".
Das Buch von Hans Peter Bleuel ist dem Sozialisten und Arbeiterführer Lassalle gewidmet, mit dem Doppeltitel „Lassalle oder der Kampf wider die verdammte Bedürfnislosigkeit". Im Vorwort ist dort zu lesen:

> Jeder Mensch hat ein Recht darauf, die Befriedigung seiner Bedürfnisse zu verlangen. Einige wenige können sie sich im Übermaß erfüllen, doch den meisten wird selbst das Minimum an Lebenszufriedenheit verweigert und vorenthalten. Das ist nur zu ändern, wenn man diese erzwungene, doch verinnerlichte Bedürfnislosigkeit bewußt macht und über Bord wirft.

Den deutschen Arbeitern ihre „verinnerlichte Bedürfnislosigkeit" klarzumachen und sie von derselben zu erlösen, war das erklärte Ziel der Achtundsechziger. Es ist mißlungen. Aber es gelang wenigstens, den Schriftstellerverband in einen sozialistischen Kampfverband umzufunktionieren. Allerdings — die Schriftstellerei ging dabei über Bord.

VIERTES KAPITEL

Die wahre Stunde Null

„Klischee auf Klischee, das Dreschen leeren Strohs ... Hier sind Leute bei Marx in die Schule gegangen, derer sich Marx schämen würde. Der Plattheiten, Verdrehungen, Wiederholungen kein Ende. Wahrlich die Einöde." So hat Joachim Seyppel (in der *Welt* am 12. 5. 1984) den Stil des Saarbrücker Kongresses der Schriftsteller gekennzeichnet. „Wahrlich die Einöde" — sollte das allgemein auf den literarischen Kahlschlag von 1984 zutreffen?
Joachim Seyppel, Schauspieler und Schreiber, ist ein Wanderer zwischen West und Ost, ein geheilter Utopist. Ein Denker auf eigene Faust ist Karl Heinz Bohrer, ein Intellektueller ohne Lagerzugehörigkeit. Seine Tätigkeit als Herausgeber der Zeitschrift *Merkur* hat er 1984 mit einem Rundumschlag gegen die Bundesrepublik aufgenommen, der mit einer Attacke auf den „grinsenden Kanzler" beginnt, dann aber das intellektuelle Milieu und Niveau der Bundesrepublik aufs Korn nimmt:

> ... je länger er sich Berichte und Filme über Schriftstellertagungen, Intellektuellendiskussionen und individuelle Selbstdarstellungen ansah — und immer war auch dieser Veranstaltungstypus charakteristisch —, merkte er, daß dies alles auf eine verdeckte, aber unübersehbare Weise wiederum der häßlichen Ästhetik des Staates entsprach, obwohl die Intellektuellen vorgaben, diesen Staat zu hassen ... Die zentralen Elemente der Staatsästhetik wiederholten sich in Sprache und Stil dieses intellektuellen Milieus: erstens Verschwommenheit und Opulenz des Ausdrucks; zweitens Provinzialität des Bewußtseins ...; abgesehen von den wenigen originären Begabungen bestand die literarische Koterie des

> Landes aus einem Typus des umtriebig sentimentalen Schreibers, dem ein inflationär gewordenes Preisverleihungssystem zur Verlängerung seiner Existenz verhalf; drittens geistiger Konformismus: er betraf das unterwürfige Verhältnis dieser „Intelligenz“ gegenüber jeweils dominierenden Ideologien, einen Mangel an Scharfsinn, an Originalität und an intellektuellem Mut ...

Bohrer hat sich Maßstäbe kritischer Beurteilung — nicht ohne eine Beimischung von Snobismus — als Korrespondent in London erworben. Er kommt von außen, ist nicht „literaturbetriebsblind“. Zur Stützung seiner These zitiert er ein frühverstorbenes Talent, Rolf-Dieter Brinkmann, der ein Literatentreffen so beschrieben hat: „Wo bin ich? Inmitten der Kultur! Der ganze Raum ist gefüllt mit Scheiße, denn das deutlichste Wort ist Scheiße, und in so gehäufter Form, daß die ganze Luft damit angedickt ist.“
Bohrer weiter über Brinkmann und das Milieu:

> Er haßte, wie sich jeder mit jedem duzte und wie Fragen der künstlerischen Form im Brei einer ausdrücklich zur Schau getragenen Gesinnung untergingen. Was er beklagte, das war nicht mehr eine unappetitlich gewordene Bohème, das war: der Spießer als Schriftsteller.

Und über die neuere Entwicklung:

> Diese Autoren begannen eine häßliche Beschreibungs- und Bekenntnisliteratur zu schreiben, ohne die Gabe der Provokation, Analyse oder Imagination. Sie begannen gründlich langweilig zu werden. Zu ihrem Opportunismus begann ein Mangel an Intensität zu treten: Sie näherten ihre Themen den jeweils einschlägigen Marktdebatten an: Soziales, Frauenschicksal, Friede, Kinderglück ... Eine Größe der Kritik empfand die Theorielosigkeit eines Theorieseminars nicht negativ, denn es wäre alles so freundlich gewesen, man wäre zusammen

wunderbar essen gegangen. Ja, jetzt aßen sie alle wieder, gingen essen, fragten gleich beim ersten Besuch in den westlichen Metropolen, wo man denn essen könne.

Man mag darüber streiten, ob Literaten anderer Nationen nicht einen ähnlichen Drang nach anspruchsvollen Lokalen und kollegialer Schlemmerei haben. Sicher hat Bohrer den springenden Punkt getroffen: das linke Establishment als Schickeria, das die alte Sozialthematik nur noch umwälzt, ohne einen einzigen neuen Gedanken darauf zu verwenden. Die Schulen, breite Sphären von Universität, Rundfunk und Fernsehen sind in die satte Bequemlichkeit dieses Themen-Wiederkäuens zurückgefallen und geistig so verfettet, daß sie ihre Abgedroschenheiten noch immer für provokant und kritisch halten. Bequemlichkeit regiert: Bei der Jahrestagung 1984 des PEN in Erlangen hoben sich zwar alle Hände, wenn die jeweiligen kritischen Resolutionen zu beschließen waren, als sich aber Schriftsteller melden sollten, die bereit zur Korrespondenz mit eingekerkerten Kollegen in diktatorischen Ländern wären, kamen nur acht Namen zusammen.

Am Ende des Reformzeitalters herrscht allgemeine Müdigkeit und Schwäche: Grass hat erklärt, er wende sich nun wieder der Bildhauerei zu, bleibt aber bei seiner politischen Rolle als Präsident der Berliner Akademie der Schönen Künste. Er ist eine politische Größe geworden, so daß Schreiben sich für ihn erübrigt. Böll gibt ungedruckte Frühwerke im Kleinverlag heraus und beteiligt sich, soweit es seine Gesundheit zuläßt, an Friedensdemonstrationen. Wolfgang Hildesheimer hat den *Stern* als Forum für seine Erklärung gewählt, wegen drohenden Weltunterganges und also ohne die Hoffnung auf literarischen Nachruhm werde er nicht mehr schreiben, nur noch Collagen herstellen. Ermattet sind witzige Sittenschilderer wie Martin Walser und Gabriele Wohmann: sie müßten das eigene Milieu aufs Korn nehmen, um ihren Sarkasmen eine neue Wendung zu geben. Uwe Johnson hat mit letzter Kraft den vierten Band seines Epos „Jahrestage" geschafft, aber wer wird vier Bände eines Meisterwerks des Fleißes lesen, bei dem schon der zweite Band verstohlenes Gähnen heraufbeschwor? Auch die drei Bände von Peter Weiß' „Ästhetik des Widerstands" sind eine mühselige Lektüre. Die geringe Resonanz der Streitigkeiten des Schriftstellerverbandes in der Öffentlichkeit zeigt, daß Literatur sich immer mehr auf die Insider beschränkt.

Um es deutlich zu sagen: Die Politisierung hat die Literatur getötet, nicht in dem Sinne, wie es Enzensberger und Michel und Boehlich meinten, als sie ihren Tod triumphierend verkündeten, sondern langsam, auf schleichende Weise, durch Blutentzug. Selbstverständlich hätte eine Politisierung nach rechts das gleiche bewirkt, durch Beschränkung der Themen, durch die Verlagerung vom menschlichen Schicksal auf den historischen Ablauf und die politischen Ideologien, durch die Schrumpfung der Gegenstandswelt, den Abbau von „Welt" überhaupt. Ganz ähnlich wie in der Nazizeit wurde von der Neuen Linken zugleich die literarische Tradition abgebrochen und damit das Exerzierfeld der Talente aufgegeben; wie damals nur die nationalen Vorläufer den Bildersturm überstanden, so jetzt nur die kleine Gruppe der sozialen Bahnbrecher von Büchner bis Brecht.

„Endlösung für die Literatur" hat der Essener Professor Horst Albert Glaser die Austreibung der Dichtung aus den Klassenzimmern der höheren Schule genannt (*Zeit* vom 25. 1. 1980). Selbst der *Spiegel* hat inzwischen aus der von oben verordneten Literatur- und Sprachlosigkeit der Schüler eine Titelgeschichte gemacht (Juli

1984). Nur mühsam wird das Fach Deutsch wieder in den Kanon der nicht abwählbaren Fächer zurückbefördert.

Der Nullzustand der Literatur spiegelt sich in vielen Verlegenheiten. Die Literaturpreise haben sich im gleichen Maß vermehrt, wie auszuzeichnende Talente abnahmen. Ursprünglich gedacht, um an einem größeren Werk arbeitenden Künstlern eine Existenzgrundlage zu sichern, sind sie heute zu einer Einnahmequelle unter anderen geworden, und als solche — als Ausgleich für „den üblichen Existenzschiß, der sich ... aus Bankschulden, Finanzamtsforderungen, Kreditzinsen und noch etlichen ähnlichen ... Ingredienzien zusammensetzt" — hat sie in seiner Dankesrede der Büchner-Preisträger des Jahres 1983, Wolfdietrich Schnurre, bezeichnet, der uns als Begräbnisredner für den lieben Gott aus der Frühzeit der Gruppe 47 bekannt ist. Wie er es vortrug, war es beinahe ein Begräbnis für den Büchner-Preis.

Wie man aus der literarischen Not eine Tugend macht, hat der klügste und geschäftstüchtigste deutsche Verleger, Siegfried Unseld, seit 1952 Herr des Hauses Suhrkamp, demonstriert, als er sich 1982 entschloß, zwei Jahre lang keine Neuerscheinungen zu bringen, sondern in einem „weißen Programm" seine besten Autoren aus älterer Zeit wieder aufzulegen. Das „weiße Geschäft" hat geblüht. Andere Verleger haben weiterhin versucht, den Literaturbetrieb mit Neuerscheinungen am Leben zu erhalten, mit jungen und jüngsten Autoren, die als vielversprechende Entdeckungen vorgestellt und alsbald von den Käufern verschmäht wurden.

Das Lesepublikum hat sein Gegenvotum abgegeben: Seit 1981 stehen ununterbrochen an der Spitze der Bestsellerliste die beiden phantastischen Erzählungen des Außenseiters Michael Ende „Momo“ und „Die unendliche Geschichte“. Von dem jugendlichen Helden seines Romans sagt Michael Ende: „Er mochte keine Bücher, in denen ihm auf eine schlechtgelaunte und miesepetrige Art die ganz alltäglichen Begebenheiten aus dem ganz alltäglichen Leben irgendwelcher ganz alltäglicher Leute erzählt wurden. Davon hatte er ja schon in der Wirklichkeit genug, wozu sollte er auch noch davon lesen?“

Auch die Introspektion, „neue Innerlichkeit“ oder „neue Subjektivität“ als neu angepriesene Mode innerhalb der herrschenden „Kassandra- und Menetekel-Literatur“ (Walter Hinck) hat mehr die schreibenden Dichter zur Ausbreitung ihrer Nöte als die Leser zu ihrer Wahrnehmung beflügelt. Die Literaturkritik, die sich lange Zeit Mühe gab, den nachwachsenden Talenten ihren Parnaß-Platz einzuräumen, hat ihrerseits allmählich die Lust daran verloren. Die Tabuverletzung nutzt sich ab, der vorfabrizierte Schock zieht nicht mehr, die künstliche Wut verpufft. Als theatralische Selbstinszenierung hat Walter Hinck in der *FAZ* die „Betonmärchen“ von Ludwig Fels abgefertigt, der wie Herbert Achternbusch als proletarisches Hätschelkind der Kritik Karriere gemacht hat. Allmählich dämmert den Experten die Einsicht, daß auch hinter dem Wortschwall und der Kraftgebärde Ohnmacht steht, daß die Wut dieser Jungautoren sich nur deshalb gegen eine banausische Welt richtet, weil die ihre Offenbarungen nicht zur Kenntnis nimmt und ihren Geschäften nachgeht wie eh und je.

So werden denn die barocken Purzelbäume immer kühner, die Figurenaufgebote immer wildgedrängter, die Handlungen immer verfaserter, die Romane immer länger. Ein typisches Beispiel ist das „Großwerk“

von Paul Wühr, das der Hanser-Verlag unter dem koketten Titel „Das falsche Buch“ herausgebracht hat. In diesem zwar „falschen“, aber dickleibigen und kostspieligen Buch sind etwa ein Dutzend Figuren gleichzeitig Menschen und Hunde. „Überdies ist manchmal außer ihrer Gattung auch ihe Geschlecht nicht eindeutig festlegbar; sie sind in mehrerer Hinsicht polymorph-pervers, sie betätigen sich und reden respektlos und schamlos, sie kläffen, pissen, sind servil und aufsässig zugleich“ (Jörg Drews in der *Süddeutschen Zeitung* vom 22. Oktober 1983). Das sind Spintisierereien, das ist Schnickschnack und Schnörkelwesen, Eigenbrödelei, die im Schneckenhaus ihr Opus Magnum ausbrütet, Rückfall ins Deutsch-Versponnene trotz aller ausgetüftelten zeitgemäßen Bizarrerien und Perversitäten. So hat „Das falsche Buch“ gewiß keine Hoffnung auf den Bestsellerplatz im *Spiegel*, aber es wird auf der Bestenliste des Südwestfunks präsentiert, die unter der Regie des zuverlässigen Establishment-Vertreters Jürgen Lodemann zustande kommt.

Viel Gekläff um nichts, im besten Fall Nachhutgefechte. Man muß mit aller Deutlichkeit feststellen: Die Reformjahre endeten 1974 mit dem miserablen Abtritt des Kanzlers Brandt, der sein Amt mit soviel Vorschußlorberen, soviel überbordender Begeisterung angetreten hatte. Nur: Die neuen Stelleninhaber blieben auf ihren Posten, sie fielen von ihren Idealen nicht ab, sondern träumten ihnen nostalgisch nach, verabscheuten nur um so grimmiger das folgende Regime des Pragmatikers Schmidt, der Wirtschaftsthematik so offensichtlich „geistiger Führung“ vorzog. Was durch dieses Beharren entstanden ist, verdient wahrhaftig die Bezeichnung „verkrustete Strukturen“, hält sich selbst aber weiterhin für vollzogene Emanzipation.

In jenem Jahr 1974, mit dem die Ära Brandt abschloß (und Brandts Tätigkeit als Parteivorsitzender begann), wurde von einem „vorbereitenden Kreis“, dem die Professoren Ralf Dahrendorf und Hermann Lübbe, der Schriftsteller und Geschichtsprofessor Golo Mann, der Intendant Helmut Hammerschmidt und der Verleger Ernst Klett angehörten, ein Kongreß einberufen, der unter dem Stichwort „Tendenzwende?“ Ende November desselben Jahres stattfand. Das Wort Tendenzwende wurde zu einem geflügelten Wort, es bezeichnete den ersten Versuch eines Einbruchs in die Maginotlinie des Establishments.
Im Einladungstext zu diesem Kongreß 1974 hieß es:

> Auf allen Gebieten zeichnen sich Fehlentwicklungen von erschreckendem Ausmaß ab, die offenbar durch wissenschaftlich-technologische Steuerung allein nicht abzuwenden sind, geschweige denn durch gesellschaftskritischen Doktrinarismus, der, zur Herrschaft drängend, sich alles geistige Leben unterwirft. Daher gilt es, den Prozeß der Umorientierung zu artikulieren und damit ins Bewußtsein zu rücken.

Sorgfältig hatten die Einladenden darauf geachtet, daß der Kongreß nicht zu nahe an die Unionsparteien rückte. Wie der schon vorher zur Verteidigung der Universitäten gegen den „gesellschaftskritischen Doktrinarismus“ gegründete „Bund Freiheit der Wissenschaft“, der die Machtübernahme an den Universitäten zum Stillstand brachte, waren Mitglieder und Anhänger aller großen Parteien im Bündnis. Vor allem Golo Mann verkörperte gegenüber den beflissenen Ideologen der Systemveränderung konservatives Wertbewußtsein und die erfrischende Liberalität des gesunden Menschenverstandes. Unter den Rednern war auch der bayerische Kultusminister Hans Maier (dem die Erfindung der Vokabel „Tendenzwende“ nachgerühmt

wird), der Münchener Architekturprofessor Gerd Albers und der Münchener Philosoph Robert Spaemann, eine bayerische Gegenriege zu der „bayerischen“ Schriftsteller-Trias Engelmann-Hitzer-Bleuel.
Die Mobilmachung setzte sich im Godesberger Kongreß „Mut zur Erziehung“ fort, der pädagogisch das rechte Maß wiederherzustellen zusammenkam: Er ließ freilich die Literatur ziemlich unberührt. Erst recht blieben die Medien unerschüttert. Wie solide und solidarisch hier die Kampfmannschaften sich scharen, hat das Mißlingen des Versuchs der Inhaber gezeigt, die Redaktionsspitze der Agitationsillustrierten *Stern* auszuwechseln. Zweihundert Redakteure standen mit dem Mannesmut von Freiheitskämpfern gegen die ihnen auferlegten „Konservativen“ Johannes Gross und Peter Scholl-Latour auf.

Man würde die angekündigte Wende völlig mißverstehen, wenn man sie als politischen Schwenk im Sinne der heutigen Regierungsparteien ansähe. Das ist weder zu erwarten, noch wäre es besonders wünschenswert. Man wird zwar der heutigen Kaste der Berufsintellektuellen nicht gerade besondere Charakterfestigkeit zutrauen, aber ihr natürlicher Selbsterhaltungstrieb als sinnstiftende Ersatzpriester legt ihren Platz auf der linken Seite des Geistesspektrums fest.
Wer heute ankommen, Karriere machen will, darf getrost weiter mit der linken Hand schreiben. Dennoch sind erste Anzeichen einer tiefgreifenden Veränderung der Literaturlandschaft nicht zu übersehen. Ich nenne im folgenden einige Symptome.
Das erste und bedeutsamste Symptom: die Selbstkritik der linken Intelligenz. Da, wo sie konsequent war, konnte sie sich selbst und vor allem die bestehenden Verhältnisse in den sozialistisch revolutionierten Län-

dern nicht ausnehmen. Das begann im Dezember 1972 mit einem Paukenschlag – dem *Kursbuch 30.* Vier pointierte Reiseberichte stellten die DDR, die Tschechoslowakei, die Volksrepublik Nordkorea und Castros Kuba so mitleidlos dar, als ob die Auswüchse des Kapitalismus zu geißeln seien. Hans Magnus Enzensberger selbst, der Inspirator dieser geballten Ladung, steuerte einen Beitrag über Revolutionstourismus bei, mit reichlich eingestreuter Kritik am Mutterland der Revolution, der Sowjetunion. Der Standort war damals: Links von links, mit letzten Sympathien für Maos China, aber doch schon mit dem Grundgefühl, daß jede sogenannte sozialistische Revolution aus der Nähe betrachtet sich als unzulänglich erweisen würde. Enzensbergers Stern sank in demselben Maße, in dem er, der Bannerträger von 1968, weiter an dem Ast sägte, auf dem er saß. Der Ruf der Leichtfertigkeit und des Wankelmutes, der ihm immer anhing, verstärkte sich, ebenso Enzensbergers Lust, nun erst recht linke Realitäten kritisch nach dem für rechte Einrichtungen obligaten Muster zu hinterfragen. So ist jener Sammelband „Politische Brosamen" (1983) zustandegekommen, in dem sich die bissigste und bitterste aller Satiren auf den real-existierenden Sozialismus befindet, unter dem Titel „Das höchste Stadium der Unterentwicklung". Das linke Establishment hat über Enzensberger eine wirksame Strafe verhängt: es schweigt ihn tot.

Zum mit aller Schärfe bloßgestellten real-existierenden Sozialismus treten als Objekte der Kritik die „real existierenden" Intellektuellen. Der radikale Linke Michael Schneider hat für die heute herrschende Medienclique das schöne Stichwort „Lebemänner des Untergangs" geprägt. Er malt ihre stilvollen Altbauwohnungen, ihre mit Antikmöbeln bestückten restaurierten

Bauernhäuser aus und stellt fest, daß das nahende Weltende ihrer mittelfristigen Ferienplanung nicht den geringsten Abbruch tue: „Der notorische Small-Talk über das bevorstehende ‚Finis mundi' findet gewöhnlich vor einem mit Krabbencocktails und Elsässer Weinen geschmückten Büffet statt" („Nur tote Fische schwimmen mit dem Strom", 1984).
Man darf vermuten, daß bald die Literatur diese neue satirische Goldader so ausbeuten wird wie der melancholisch-scharfsinnige Botho Strauß das Kunst- und Galeriemilieu in der Farce „Kaldewey". Martin Walsers neues Theaterstück — so liest man — wird sich der Sache annehmen. Über ein neues Stück von Bodo Kirchhoff berichtet die *FAZ* (6. 8. 1984):

> Im Foyer eines Kongreßzentrums lustwandeln Autor, Verleger, höhere Töchter, exzentrische Damen, zwei afrikanische Asylanten, eine Autogrammsammlerin, die unter ständigem Nasenbluten leidet, ein Hobbygelehrter und eine Lebensberaterin — und warten vielleicht auf einen neuen „Godot": irgendeine literarische Berühmtheit, die sie aus der in sich selbst kreiselnden leeren Betriebsamkeit befreien könnte, einen schriftstellernden Messias, der dem Gewusel und Geschwätz einen Sinn zu geben vermöchte . . .

Von solcher Kritik geht eine Wende in der Literatur aus, die sich von gesellschaftlichen Veränderungen nichts mehr erhofft, sondern kühn, sozusagen auf Patrouille, den Menschen als metaphysisches Wesen wieder zu denken und darzustellen wagt. Der junge langhaarige Mann aus Graz, der 1966 der Gruppe 47 in Princeton auf der Höhe ihres Triumphes vorgehalten hatte, ihre Beschreibungsliteratur sei impotent, ihre Kritik läppisch, Peter Handke, hat in langen Jahren außerhalb des deutschen Literaturbetriebs, in den USA und in Paris, auf eigene Faust nachgedacht und aufgeschrieben, was ihm als neue Lehre aufging. Eine wachsende Lesergemeinde hat sich ihm auf diesem Weg, den man früher „mystisch“ genannt hätte, angeschlossen, angezogen durch den Ernst dieses neuen Ethos, das alle Stadien der Moderne passiert und hinter sich gelassen hat. Handke hatte in seiner „Kindergeschichte“ (1981) gefragt:

> Warum hatten all die in den öffentlichen Diskussionen, in den Tagblättern und im Fernsehen, aber auch in den neuen Büchern und auch in den persönlichsten Verhältnissen umlaufenden zeitgebräuchlichen Ausdrücke das Niederschmetternde, Banalitätsstinkende, Seelenmörderische, Gottlose, Nervtötende, Hirnrissige von *Hundenamen?* Warum tönte von überall her nur noch die Drohnensprache eines blechernen Zeitalters? Ja, warum?

„Hundesprache“ erinnert an die „Hundejahre“, mit denen Grass zur Wende des Jahres 1963 beigetragen hatte, an den finsteren Hund Pluto, der Amsel-Brauxels allegorischer Vogelscheuchenhölle vorsteht und der seinerseits ein Abkömmling von Hitlers Schäferhund ist; aber man darf auch eine Vorahnung jener Hundeszenen darin sehen, die Paul Wühr in seinem „Falschen Buch“ so breit-genüßlich ausgemalt hat. Hund heißt auf griechisch „kynos“, und kynisch, zynisch ist die Hundephilosophie, von der sich Handke loszumachen sucht. Zynismus ist das letzte Wort der Enttäuschten, die „Kritik der zynischen Vernunft“ von Peter Sloterdijk ist zur Zeit das Modebuch gebildeter Kreise. Pathos und Ethos, die ernstgemeinten großen Worte wiederzufinden, sie aus der Relativität des Zeitalters loszulösen, ist Handke ausgezogen, im schlimmsten Fall ein Don Quijote, in dem hoffnungsvollen Zusammenhang, in dem wir ihn hier sehen, ein Pionier und Wegbereiter.

Zu den Symptomen einer Rückgewinnung fester Maßstäbe gehört auch die wenigstens partielle Wiederherstellung der Literaturkritik. Hier ging die Frankfurter Allgemeine 1973 mit einer Reform des Feuilletons voran, die ihr den Ruf des führenden Intelligenzblattes der Bundesrepublik verschafft hat. Unter der Gesamtregie von Joachim Fest und unter der Leitung von Günther Rühle wurde das Feuilleton alten Stils mit seinen aktuellen Theater-, Konzert- und Buchrezensionen in einen umfangreichen Kulturteil umgewandelt, der sachlich-kritisch über die Wandlungen und Zuckungen des Zeitgeistes berichtet. Die Leitung des Literaturressorts übernahm der gewitzteste Kritiker der Gruppe 47, Marcel Reich-Ranicki, mit dem Ziel, „zu sichten und zu ordnen, zu klären und zu werten, zu polemisieren und zu postulieren", damit es „bessere Bücher und bessere Leser" gebe. Reich-Ranicki hat wenigstens in seinem Bereich — und vorbildlich für andere Zeitungen — das alte Gefälligkeitswesen und zusammen mit ihm die hohlen Phrasen der einander die Bälle zuspielenden Manager des Literaturbetriebs abgeschafft und nach dem Vorbild von *Times Literary Supplement* ein sachlich-kritisch urteilendes Informationsorgan geschaffen.
Schließlich muß als hocherfreuliches Indiz einer Besinnung auf alte Werte und neue Notwendigkeiten die Renaissance der Geisteswissenschaften an den deutschen Universitäten genannt werden, vor allem in der Geschichtswissenschaft. Sie gehört in unseren Zusammenhang, denn gerade hier haben sich schriftstellerische Begabungen hohen Ranges entwickelt, die durchaus mit denen der sogenannten Schönen Literatur in Wettstreit treten können, die längst aufgehört hat, eine schöne zu sein. Karl-Dietrich Bracher, Michael Stürmer, Theodor Schieder, Hans Peter Schwarz, Thomas

Nipperdey und manche andere haben dem Eingriff der Reformer entgegengewirkt, die das Fach Geschichte am liebsten ganz gestrichen und es der Sozialkunde überantwortet hätten.

Ähnliches gilt für die Germanistik, bei der sich die Flut der Vielschreiberei, unter Hinterlassung von viel Schlamm, allmählich verläuft. Es wird freilich noch manches Jahr dauern, bis sie die notwendige Sachlichkeit über entsprechend ausgebildete Lehrer wieder an die Schule vermittelt.

Einen festen Standort sucht auch die Soziologie, indem sie sich selbst so kritisch durchleuchtet, wie sie es zuvor nur mit den Zuständen getan hat. Friedrich Tenbrucks Werk „Die unbewältigten Sozialwissenschaften" ist hier so bahnbrechend wie Elisabeth Noelle-Neumanns kritische Neuinterpretation der Demoskopie.

Zum Schluß muß auch jenes Werk genannt werden, das vom Ansatz der Soziologie her nicht nur den Literaturbetrieb, sondern den Gesamtbereich der Intellektuellenmacht grundlegend analysiert hat: Helmut Schelskys „Klassenkampf und Priesterherrschaft der Intellektuellen" mit dem leider zu reißerischen Haupttitel „Die Arbeit tun die anderen". Seine Entlarvungs- und Entschlüsselungsbotschaft ist, wie zu erwarten war, nicht auf fruchtbaren Boden gefallen. Die Kaste, die er angegriffen hat, war ja die, die alle Federn und Schreibmaschinen in Bewegung setzt. Der Literaturbetrieb hat Schelskys Buch spurenlos verschlungen, achselzuckend sozusagen.

FÜNFTES KAPITEL

Was nun?

Es ist kein Zufall, daß Peter Handke aus Österreich kommt, aus dem originellen Graz, das ein Zentrum modernen Literaturbetriebs wurde, aber auch aus der österreichischen Tradition, die den Namen Stifters immer noch unbefangen aussprechen kann. Man darf ihn rühmen, weil er das an sich selbst vollzogen und erlebt hat, was früher für älter werdende Autoren selbstverständlich und zugleich der Quellgrund für die Folge immer neuer Werke war: den Prozeß des Reiferwerdens und Weiterwachsens, des tieferen Sich-Hineinfühlens in den Weltzusammenhang. Es ist der Gegenweg zur Politisierung, als der immer stärkeren Verengung und Beschränkung auf den einen schmalen Punkt, der Standpunkt heißt. Ähnliche Entwicklungen lassen sich für manche junge Autoren erhoffen, die aus der DDR in die Bundesrepublik gekommen sind.

Daß der bedeutendste Realist und der produktivste Phantast der deutschen Nachkriegsliteratur, Heinrich Böll und Günter Grass, verstummt sind, schwankend zwischen letzten Ehren und mißmutigem Alters-Abseits, kennzeichnet die Stunde Null ebenso wie diese tastenden Versuche, Neuland jenseits der vom Literaturbetrieb festgesetzten Grenzen zu entdecken. Handke ist den Weg gegangen, der durch die alten Mittel menschlicher Bildung bezeichnet ist: Reisen, Erfahrungen, Beobachtungen, Lektüre klassischer Texte. Er hat sich in die Lehre der Tradition begeben.

Dieses verachtete Wort wagt sich wieder vor. Ein Freiburger Anthropologe, Otakar Nahodil, hat jüngst darauf hingewiesen, daß inzwischen auch die Traditionsfeindschaft eine lange Tradition habe, sozusagen überliefert sei aus den fernen Zeiten der Aufklärung, daß also der Rückgriff auf die Tradition heute durchaus als Innovation zu verstehen sei, als Zukunftsinvestition. Da wir seit mehr als fünfzig Jahren, seit 1933 nämlich, so ungeheuer viel abgeräumt, so wenig dazugewonnen haben, kommt ein neues Bewußtsein von der Bedeutung des Überlieferten und eine neue Einverleibung der alten Schätze der frohgemuten Entdeckung Amerikas gleich.

Was wird der Literaturbetrieb dazu sagen mit seiner pedantischen Festschreibung und Vorschreibung, was als aktuell, was als anachronistisch zu gelten habe? Er kann von der *einen* Schwalbe sagen, es habe sich um einen Grashüpfer gehandelt. Wenn mehr Schwalben kommen, wird er selbst auf Sommer umschalten.

Was wird aus dem Literaturbetrieb werden? Nun, er gehört dazu, zur Literatur, hat immer mitgespielt. Aber wenn wirklich literarisches Leben wieder aufblüht, kehrt er an den alten Platz zurück, zur Infrastruktur. Die großen Autoren haben ohnehin mit sich selbst und der Welt soviel zu tun, daß sie wenig Zeit für ihn haben.

Literaturverzeichnis

Für den gesamten Zeitraum

Hermann Glaser (Hrsg.): Bundesrepublikanisches Lesebuch, Frankfurt/M 1980.

Helmut L. Müller: Die literarische Republik. Westdeutsche Schriftsteller und die Politik. Mit einem Vorwort von Kurt Sontheimer, Weinheim u. Basel 1982.

Die Ära Adenauer

1. *Wolfgang Koeppen:* Das Treibhaus. 1953 (ST 78), Frankfurt/M 1972.
2. *Walter Muschg:* Die Zerstörung der deutschen Literatur, Bern 1956.
3. *Kurt Ziesel:* Die Literaturfabrik. Eine polemische Auseinandersetzung mit dem Literaturbetrieb im Deutschland von heute, Wien/Köln 1962.
4. *Paul Sethe/Ferdinand Fried/Hans Schwab-Felisch:* Das Fundament unserer Zukunft. Bilanz der Ära Adenauer: politisch — wirtschaftlich — kulturell, Düsseldorf 1964.
5. *Heinrich Vormweg:* Deutsche Literatur 1945—1960: Keine Stunde Null, in: Die deutsche Literatur der Gegenwart, Aspekte und Tendenzen, hrsg. v. Manfred Durzak, Stuttgart 1971.
6. *Elisabeth Endres:* Die Literatur der Adenauerzeit, München 1980.
7. *Hans-Peter Schwarz:* Die Ära Adenauer (darin besonders das Kapitel „Der Geist der fünfziger Jahre"), Stuttgart/Wiesbaden 1981.
8. *Konrad Adenauer:* Briefe 1945—1947, bearbeitet von Hans Peter Mensing (Rhöndorfer Ausgabe), Berlin 1983.
9. *Anselm Doering-Manteuffel:* Die Bundesrepublik Deutschland in der Ära Adenauer. Außenpolitik und innere Entwicklung 1949—1963, Darmstadt 1983.

Die Gruppe 47 und ihr Umfeld

1. *Hans Magnus Enzensberger:* Gratisangst und Gratismut; Die Clique, in: Einzelheiten, Frankfurt 1961.
2. *Martin Walser (Hrsg.):* Die Alternative oder Brauchen wir eine neue Regierung? Reinbek 1961.
3. *Walter Jens:* Deutsche Literatur der Gegenwart, München 1961; dazu: Hans Egon Holthusen: Kritische Gänge eines Philologen, in: Die Tat, 21. 10. 1961.
4. *Hans Schwab-Felisch (Hrsg.):* Der Ruf. Eine deutsche Nachkriegszeitschrift. Mit einem Geleitwort von Hans Werner Richter, München 1962.

5. Almanach der Gruppe 47. 1947—1962. Hrsg. von Hans Werner Richter, Reinbek 1962.
6. *Heinrich Böll:* Angst vor der Gruppe 47? in: Aufsätze Kritiken Reden, Köln/Berlin 1967.
7. *Reinhard Lettau (Hrsg.):* Die Gruppe 47. Bericht, Kritik, Polemik. Ein Handbuch, Neuwied/Berlin 1967.
8. *Hans v. Dollinger (Hrsg.):* Außerdem. Deutsche Literatur minus Gruppe 47 = wieviel? Mit einem Grußwort von Hans Werner Richter, München/Bern 1967.
9. *Herbert Lehnert:* Die Gruppe 47. Ihre Anfänge und ihre Gründungsmitglieder, in: Die deutsche Literatur der Gegenwart; Aspekte und Tendenzen, hrsg. v. Manfred Durzak, Stuttgart 1971.
10. Hans Werner Richter und die Gruppe 47. Hrsg. v. Hans A. Neunzig, Berlin/Wien 1981. (Enthält den zuerst als Rundfunksendung konzipierten Text von Hans Werner Richter: Wie entstand und was war die Gruppe 47?)
11. *Hans Mayer:* Ein Deutscher auf Widerruf. Erinnerungen, Band II (darin das Kapitel „Gruppe 47"), Frankfurt/M 1984.

Die christliche Literatur und ihr Ende

1. *Hermann Friedmann/Otto Mann (Hrsg.):* Christliche Dichter der Gegenwart, Heidelberg 1955.
2. *Karlheinz Deschner (Hrsg.):* Was halten Sie vom Christentum? München 1957.
3. *Heinz Linnerz (Hrsg.):* Gibt es heute christliche Dichtung?, Recklinghausen 1960.
4. *Elisabeth Langgässer:* Das Christliche in der christlichen Dichtung, Olten/Freiburg 1961.
5. *Heinrich Böll:* Doktor Murkes gesammeltes Schweigen, Köln/Berlin 1958.
   Heinrich Böll: Brief an einen jungen Katholiken, in: Erzählungen Hörspiele Aufsätze, Köln/Berlin 1961.
   Heinrich Böll: Ansichten eines Clowns, Köln/Berlin 1963.
6. *Günter Grass:* Katz und Maus. Eine Novelle, Neuwied 1961.
7. *Rolf Hochhuth:* Der Stellvertreter. Ein christliches Trauerspiel, Reinbek 1963.
8. *Carl Amery:* Die Kapitulation oder Deutscher Katholizismus heute, Reinbek 1963.
9. *Kurz/Holthusen/de la Maestre/Ross:* Moderne Literatur und christlicher Glaube, Würzburg o. J.
10. *Werner Ross:* Das Unbehagen in der christlichen Literatur, *Hochland,* Dezember 1963.
    Werner Ross: Ist die christliche Literatur zu Ende?, *Hochland,* April/Mai 1967.
11. *Karl-Josef Kuschel:* Jesus in der deutschsprachigen Gegenwartsliteratur, Köln/Gütersloh 1978.

Die Kulturrevolution

1. *Hans Werner Richter (Hrsg.):* Bestandsaufnahme. Eine Bilanz, München 1962; dazu: Friedrich Sieburg: Variationen über das Unbehagen, FAZ 28. 7. 1962; jetzt in: Zur Literatur 1957—1963, Stuttgart 1981.
2. *Wolfgang Weyrauch (Hrsg.):* Ich lebe in der Bundesrepublik. Fünfzehn Deutsche über Deutschland, München 1967.
3. *Heinrich Böll:* Die Freiheit der Kunst. Dritte Wuppertaler Rede, in: Aufsätze Kritiken Reden, Köln/Berlin 1967.
   Heinrich Böll: Ende einer Dienstfahrt, Köln/Berlin 1966.
4. *Günter Grass:* Über das Selbstverständliche, Neuwied/Berlin 1968.
   Günter Grass: Denkzettel. Politische Reden und Aufsätze, Darmstadt/Neuwied 1978.
   Günter Grass: Aus dem Tagebuch einer Schnecke, Reinbek 1974.
5. *Hans Magnus Enzensberger:* Palaver. Politische Überlegungen (1967—1973), Frankfurt/M 1974.
6. *Karl Markus Michel:* Ein Kranz für die Literatur, *Kursbuch 15,* 1968.
7. *Walter Boehlich:* Autodafé, *Kursbuch 15,* 1968.
8. *Martin Walser:* Die Gallistlsche Krankheit, Frankfurt/M 1972.
9. *Hartmut Lange:* Der Kritiker als Zirkulationsagent, *Literaturmagazin 1,* Reinbek 1973.
10. BASIS-Antiquariat Katalog 11, München 1983.
11. edition suhrkamp Band 1 bis Band 1000. Bibliographie 1963—1980, Frankfurt/M 1980.
12. *Frank Grützbach (Hrsg.):* Heinrich Böll: Freies Geleit für Ulrike Meinhof. Ein Artikel und seine Folgen, Köln 1972.
13. *Helmut Schelsky:* Die Arbeit tun die anderen. Klassenkampf und Priesterherrschaft der Intellektuellen, München 1977.

Geschichte und Krise des Schriftstellerverbandes

1. *Heinrich Böll:* Ende der Bescheidenheit. Zur Situation der Schriftsteller in der Bundesrepublik, in: Neue politische und literarische Schriften, Köln 1973.
   Heinrich Böll: Einigkeit der Einzelgänger. Rede zum Schriftstellerkongreß in Stuttgart, ebd.
2. *Martin Walser:* Wovon und wie handelt Literatur? Für die Einheit des VS — Gegen die Spalterfraktion. I. Dokumentation. II. „Fraktion unabhängiger Schriftsteller." III. Stellungnahmen, *Kürbiskern 3,* München 1972.
3. *Günther Rühle:* Auf dem langen Weg. Der VS wählt seinen Vorstand, in FAZ 26. 1. 1976.
   Günther Rühle: Lärm um nichts, *Spiegel* 48/1983.
4. *Uwe Wittstock:* Das Ende der Einigkeit? Versuch einer Bilanz, in: FAZ, 2. 1. 1984.
   Uwe Wittstock: Das dreifache Kunstück, in: FAZ 3. 4. 1984.

5. *Carl Amery:* Fanale und Banales, in: Süddeutsche Zeitung 31. 3. 1984.
6. *Wolfgang Werth:* Kongreß der knappen Entscheidungen, in: Süddeutsche Zeitung 2. 4. 1984.
7. *Jörg Bernhard Bilke:* Kein Ende der VS-Krise, *Der Literat,* 4/1984.
8. *Erwin Ferlemann:* Ohne Mediengewerkschaft dividieren wir uns auseinander. Zur Bundesdelegiertenkonferenz, Saarbrücken 1984, *Kürbiskern 2,* München 1984.
9. *Bernt Engelmann:* Wer Anstöße gibt, muß Anstoß erregen, ebd.
10. Zweite Berliner Begegnung. Den Frieden erklären. Protokolle des zweiten Berliner Schriftstellertreffens am 22./23. April 1983, Darmstadt/Neuwied 1983.
11. *Jürgen Lodemann:* Wer, wenn nicht Schriftsteller. Deutsch-deutsches Vier-Tage-Buch, in: Im deutschen Urwald, Zürich 1984.

Die siebziger und achtziger Jahre

1. *Hans-Christoph Buch (Hrsg.):* Die Literatur nach dem Tode der Literatur. Bilanz der Politisierung, Rowohlts Literaturmagazin 11, Hamburg 1975.
2. *Marcel Reich-Ranicki:* Entgegnung. Zur deutschen Literatur der siebziger Jahre, Stuttgart 1979.
3. *W. Martin Lüdke (Hrsg.):* Nach dem Protest. Literatur im Umbruch, Frankfurt/M 1979.
4. *Werner Ross:* Wende oder Wendchen? Veränderungen der kulturellen Szene, Politische Meinung 4/1983, Osnabrück.
5. *Wilhelm Voßkamp:* Dokumentation oder Erzählung? in: Tendenzen deutscher Prosaliteratur im letzten Jahrzehnt, Zeitschrift f. Kulturaustausch 2/1984, Stuttgart.
6. *Wolfdietrich Schnurre:* Zwiegespräch mit einem toten Kollegen. Rede zur Verleihung des Büchnerpreises, in: Süddeutsche Zeitung 22. 10. 1983.
7. *Hans Magnus Enzensberger:* Politische Brosamen, Frankfurt/M 1982.
8. *Karl Heinz Bohrer:* Die Ästetik des Staates, in: *Merkur 423,* 1984.
9. *Michael Schneider:* Den Kopf verkehrt aufgesetzt oder Die melancholische Linke, Köln 1981.
   Michael Schneider: Nur tote Fische schwimmen mit dem Strom. Aphorismen und Polemiken, Köln 1984.
10. *Hans Jürgen Syberberg:* Die freudlose Gesellschaft. Notizen aus dem letzten Jahr, München 1981.
11. *Wolfgang Hildesheimer:* Der Mensch wird die Erde verlassen, in: *Stern* 2. 4. 1984.
12. *Wolfgang Werth:* Mit äußersten Kräften? Die Jahrestagung des PEN, in: Süddeutsche Zeitung 9. 7. 1984.

TEXTE + THESEN

GESAMTVERZEICHNIS

Politik

Dalma, Rovan, Vermehren, Rasumovsky, Ramseier
Euro-Kommunismus
ISBN 3-7201-5079-8

Fromme, Friedrich K.
Der Parlamentarier — ein Freier Beruf?
ISBN 3-7201-5103-4

Gysling, Erich
Arabiens Uhren gehen anders
ISBN 3-7201-5149-2

Heck, Bruno
Vaterland Bundesrepublik?
ISBN 3-7201-5174-3

Hillgruber, A./Hildebrand, K.
Kalkül zwischen Macht und Ideologie
ISBN 3-7201-5125-5

Höpker, Wolfgang
Aktionsfeld Pazifik
ISBN 3-7201-5112-3

Höpker, Wolfgang
Sozialistische Internationale
ISBN 3-7201-5148-4

Kirsch, Botho
Kalter Friede — was nun?
ISBN 3-7729-5053-1

Kisielewski, Stefan
Polen — oder die Herrschaft der Dilettanten
ISBN 3-7201-5111-5

Langguth, Gerd
Der grüne Faktor
Von der Bewegung zur Partei?
ISBN 3-7201-5169-7

Laufer, Heinz
Bürokratisierte Demokratie
ISBN 3-7201-5157-3

Lobkowicz, Nikolaus
Marxismus und Machtergreifung
ISBN 3-7201-5101-8

Mayer-Tasch, Peter C.
Die Welt als Baustelle
ISBN 3-7201-5143-3

Meissner, Boris
Sowjetische Kurskorrekturen
ISBN 3-7201-5168-9

Oberreuter, Heinrich
Kann der Parlamentarismus überleben?
ISBN 3-7201-5093-3

Oberreuter, Heinrich
Übermacht der Medien
ISBN 3-7201-5144-1

Oberreuter, Heinrich
Parteien — zwischen Nestwärme und Funktionskälte
ISBN 3-7201-5165-4

Ortlieb, Heinz-Dietrich
Was wird aus Afrika?
ISBN 3-7201-5074-7

Ortlieb, Heinz-Dietrich
Vom totalitären Staat zum totalen Egoismus
ISBN 3-7201-5105-0

Pauls, Rolf F.
Rettet uns die Rüstungspolitik?
ISBN 3-7201-5152-2

Roegele, Otto B.
Medienpolitik — und wie man sie macht
ISBN 3-7729-5040-X

Rühle, Hans
Angriff auf die Volksseele
Über Pazifismus zum Weltfrieden?
ISBN 3-7201-5175-1

Sontheimer, Kurt
Der unbehagliche Bürger
ISBN 3-7201-5122-0

Ströbinger, Rudolf
Roter Kolonialismus
ISBN 3-7201-5131-X

Veen/Meissner/Domes/Kux/Mertes
Wandel im Kommunismus
ISBN 3-7201-5114-X

Weidenfeld, Werner
Ratlose Normalität
Die Deutschen auf der Suche nach sich selbst
ISBN 3-7201-5172-7

Wingen, Max
Kinder in der Industriegesellschaft — wozu?
ISBN 3-7201-5146-8

Zimmermann, Ekkart
Massen-Mobilisierung
ISBN 3-7201-5163-8

Zöller, Michael, Hrsg.
Aufklärung heute
ISBN 3-7201-5126-3

Wirtschaft

Andreae, Clemens-August
Vom Boß zum Partner
ISBN 3-7201-5154-9

Huppert, Walter
Sozialpolitik — Stolz der Nation
ISBN 3-7201-5145-X

Jenny, Hans
Das neue Afrika
ISBN 3-7201-5127-1

Jungblut, Michael
Je mehr er hat, je mehr er will . . .
ISBN 3-7201-5133-6

Kirsch, Botho
Zwischen Marx und Murks
ISBN 3-7201-5123-9

Obst, Werner
Reiz der Idee — Pleite der Praxis
Ein deutsch-deutscher Wirtschaftsvergleich
ISBN 3-7201-5158-1

Pentzlin, Heinz
Arbeitslos — Los der Zukunft?
ISBN 3-7201-5085-2

Schoeck, Helmut
Ist Leistung unanständig?
ISBN 3-7729-5013-2

Zeller, Willy
Die unvollendete Union
ISBN 3-7201-5092-5

Gesellschaft

Fisch, Mascha M.
Zwischen Abenteuer und Frust
Frauen in ungewöhnlichen Berufen
ISBN 3-7201-5173-5

Helbling, Hanno, Hrsg.
Religionsfreiheit im 20. Jahrhundert
ISBN 3-7201-5094-1

Helle, Horst J.
Familie — Zwischen Bibel und Kinsey-Report
ISBN 3-7729-5046-9

Hellmer, Joachim
Verdirbt die Gesellschaft?
ISBN 3-7201-5132-8

Höhler, Gertrud
Gesinnungskonkurrenz der Intellektuellen
ISBN 3-7201-5106-9

Hoff, Klaus
Wie modern ist konservativ heute?
ISBN 3-7729-5038-8

Klose, Werner
Stafetten-Wechsel
Fünf Generationen formen unsere Welt
ISBN 3-7201-5160-3

Kühn, Evelyn
Viel Staat — doch wenig Recht
ISBN 3-7201-5137-9

Lehr, Ursula
Ist Frauenarbeit schädlich?
ISBN 3-7201-5116-6

Lenk, Hans
Eigenleistung
Plädoyer für eine positive Leistungskultur
ISBN 3-7201-5164-6

Lenk, Hans
Die achte Kunst
Leistungssport — Breitensport
ISBN 3-7201-5176-X

Leuenberger, Theodor
Lebenskonzepte: Brauchen wir veränderte Leitbilder?
ISBN 3-7201-5139-5

Lindner, Roland, Hrsg.
Verspielen wir die Zukunft? Gespräche über Technik und Glück
ISBN 3-7201-5150-6

Lobkowicz, N./Hertz, A.
Am Ende aller Religion?
ISBN 3-7201-5077-1

Lübbe, Hermann
Zwischen Trend und Tradition
ISBN 3-7201-5136-0

Maier, Hans
Die Grundrechte des Menschen im modernen Staat
ISBN 3-7729-5036-1

Mast, Claudia
Aufbruch ins Paradies? Die Alternativbewegung und ihre Fragen an die Gesellschaft
ISBN 3-7201-5124-7

Mast, Claudia
Zwischen Knopf und Kabel
ISBN 3-7201-5161-1

Meier-Bergfeld, Peter
Staats(ver)diener?
ISBN 3-7201-5166-2

Meves, Christa
Werden wir ein Volk von Neurotikern?
ISBN 3-7201-5081-X

Noelle-Neumann, Elisabeth
Werden wir alle Proletarier?
ISBN 3-7201-5102-6

Noelle-Neumann, Elisabeth
Eine demoskopische Deutschstunde
ISBN 3-7201-5155-7

Roegele, Otto B., Hrsg.
Das dritte Alter
ISBN 3-7729-5043-4

Roegele, Otto B.
Was wird aus dem gedruckten Wort?
ISBN 3-7201-5099-2

Roegele, Otto B.
Neugier als Laster und Tugend
ISBN 3-7201-5142-5

Schmitz-Moormann, Karl
Menschenwürde
ISBN 3-7201-5117-4

Silbermann, Alphons
Der ungeliebte Jude
ISBN 3-7201-5134-4

Silbermann, Alphons
Was ist jüdischer Geist?
ISBN 3-7201-5167-0

Streithofen, Basilius H.
Schlüsselwort Frieden
ISBN 3-7201-5147-6

Usbeck, Ilse
Studenten-Muffel
ISBN 3-7201-5153-0

Wilhelm, Theodor
Die Rede vom Partner
ISBN 3-7201-5129-8

Wingen, Max
Nichteheliche Lebensgemeinschaften
Formen — Motive — Folgen
ISBN 3-7201-5171-9

Wulffen, Barbara von
Zwischen Glück und Getto
ISBN 3-7201-5128-X

Kultur/Bildung

Betz, Werner
Verändert Sprache die Welt?
ISBN 3-7201-5097-6

Claus, Jürgen
Umweltkunst
ISBN 3-7201-5151-4

Heuschele, Otto
Gespräche zwischen den Generationen
ISBN 3-7201-5119-0

Maier, Hans
Sprache und Politik
ISBN 3-7201-5080-1

Mensing, Wilhelm
Maulwürfe im Kulturbeet
ISBN 3-7201-5156-5

Nipperdey, Thomas, Hrsg.
Hochschulen zwischen Politik und Wahrheit
ISBN 3-7201-5140-9

Roellecke, Gerd
Wird das Falsche falsch studiert?
ISBN 3-7201-5118-2

Rosenberg, Alfons
W. A. Mozart
ISBN 3-7201-5076-3

Ross, Werner
Mit der linken Hand geschrieben . . .
Der deutsche Literaturbetrieb
ISBN 3-7201-5170-0

Schmitt, Hatto H.
Vademecum für empörte Eltern
ISBN 3-7201-5096-8

Seel, Wolfgang
Das anstrengende Vorbild Japan — vom Kindergarten bis zur Industrieforschung
ISBN 3-7201-5159-X

Natur/Umwelt

Hammer, Felix
Selbstzensur für Forscher?
ISBN 3-7201-5162-X

Illies, Joachim
Nicht Tier, nicht Engel
ISBN 3-7201-5059-3

Illies, Joachim
Adolf Portmann, Jean Gebser, Johann Bachofen
Drei Kulturforscher
ISBN 3-7201-5067-4

Illies, Joachim
Der Mensch in der Schöpfung
ISBN 3-7201-5088-7

Illies, Joachim
Schöpfung oder Evolution
ISBN 3-7201-5121-2

Illies, Joachim
Theologie der Sexualität
ISBN 3-7201-5135-2

Jordan, Pascual
Wie frei sind wir?
ISBN 3-7729-5018-3

Maier-Leibnitz, Heinz
An der Grenze zum Neuen
ISBN 3-7201-5090-9

Maier-Leibnitz, Heinz
Der geteilte Plato
ISBN 3-7201-5138-7

Mayrhofer, Franz
Warum sind alle unzufrieden?
ISBN 3-7201-5130-1

Verhülsdonk, Eduard
Logenplatz im Universum
ISBN 3-7729-5012-4

Die Reihe wird fortgesetzt. Fordern Sie Sonderprospekte an:

Edition Interfrom · Zürich
Vertrieb für die Bundesrepublik Deutschland:
Verlag A. Fromm · Osnabrück